新媒体运营

账号定位+文案创作+广告设计+数据分析

周玉姣 ◎ 编著

U0298914

清华大学出版社

北京

内 容 简 介

如何进行新媒体的精准定位、引流涨粉、文案编写、广告设计？如何展开新媒体的视觉营销、数据分析、用户存留、商业盈利？

本书通过"账号定位"+"文案创作"+"广告设计"+"数据分析"四个部分，分两条线来介绍：一条是技巧线，通过介绍新媒体的账号运营、人设打造、定位引流、涨粉留存、文案编写、图文排版、广告设计和数据分析等内容，帮助新媒体的运营者快速从入门到精通；另一条是平台线，结合目前火爆的抖音、快手、视频号等视频平台，以及公众号等传统平台的推文导粉、运营推广等案例，帮助读者掌握新媒体运营的众多干货技巧。

本书结构清晰，适合新媒体行业从业者、新媒体领域创业者、各公司负责新媒体营销的工作人员、新媒体公司的管理者、专业的网络推手使用，也可作为培训教材。

图书在版编目(CIP)数据

新媒体运营：账号定位+文案创作+广告设计+数据分析/周玉姣编著. —北京：清华大学出版社，2024.5

ISBN 978-7-302-65985-3

Ⅰ.①新… Ⅱ.①周… Ⅲ.①传播媒介—运营管理 Ⅳ.①G206.2

中国国家版本馆CIP数据核字(2024)第068303号

责任编辑：张　瑜
封面设计：杨玉兰
责任校对：徐彩虹
责任印制：曹婉颖

出版发行：清华大学出版社
　　　　网　　址：https://www.tup.com.cn，https://www.wqxuetang.com
　　　　地　　址：北京清华大学学研大厦A座　　邮　　编：100084
　　　　社 总 机：010-83470000　　邮　　购：010-62786544
　　　　投稿与读者服务：010-62776969，c-service@tup.tsinghua.edu.cn
　　　　质量反馈：010-62772015，zhiliang@tup.tsinghua.edu.cn
印 装 者：小森印刷霸州有限公司
经　　销：全国新华书店
开　　本：170mm×240mm　　印　　张：13.75　　字　　数：264千字
版　　次：2024年5月第1版　　印　　次：2024年5月第1次印刷
定　　价：69.80元

产品编号：103075-01

前言

近年来，新媒体平台获得了飞速发展，无论是图文、音频，还是视频、直播，都拥有着一大批受众。许多人借助新媒体平台获得了发展机遇。例如，有的人通过账号运营，从籍籍无名变成了拥有百万粉丝的达人；有的人通过账号带货，轻松实现了年赚百万。

看到新媒体带来的发展机会后，越来越多的运营者开始入局新媒体，开通抖音号、快手号、微信公众号和视频号等各种新媒体账号，力求通过新媒体运营赚取属于自己的一桶金。随着入局新媒体平台的运营者越来越多，很多人发现，要想从众多运营者中脱颖而出越来越难了。

为了帮助大家更好地运营新媒体，笔者结合个人实战经验写了这本书。本书具有以下三个特色。

（1）人无我有，人有我优：市场上同类书，紧扣本书一两个知识点的书比较多，但同时紧扣新媒体账号定位、文案创作、广告设计和数据分析这四大核心的书却很少，但这四个却是运营者最关心的痛点。

（2）一人全才，公司需求：现在的创业者，有时一个人当一个团队在用，而公司老板也希望员工是个全能型人才，所以本书的特色，就是集四大硬核技能于一书，帮助新媒体运营者成为一个多面手。

（3）实用性强，实操为主：无论是对于账号运营、文案写作，还是对于广告设计、数据分析，本书均采用计算机软件类图书的步骤实操式讲解，减少理论空谈，注重实用与实操。

需要提醒的是，在编写本书时，笔者是基于当前各平台和软件截取的实际操作图片，但书从编辑到出版需要一段时间，在这段时间里，软件界面与功能会有调整与变化，比如有的内容删除了，有的内容增加了，这是软件开发商做的更新，请读者在阅读时，根据书中的思路，举一反三，进行学习。

本书由周玉姣编著，参与编写的人员还有高彪等人，在此表示感谢。由于作者知识水平有限，书中难免有错误和疏漏之处，恳请广大读者批评、指正。

编　者

目录

账 号 定 位

文 案 创 作

广 告 设 计

数 据 分 析

账号定位

第 1 章

精准定位：打造有记忆点的账号

运营者准备进入新媒体运营之前，一定要对自己的账号和内容进行定位，并使用相关的定位技巧打造有记忆点的账号，这样才能快速地进行精准定位，吸引目标用户观看你的内容、关注你的账号。

1.1 账号定位：把握账号运营方向

账号定位是指运营者要做一个什么类型的新媒体账号，然后通过这个账号获得什么样的用户群体，同时这个账号能为用户提供哪些价值。运营者需要从多个方面去考虑账号定位，不能单纯地只考虑自己的喜好，或者只打广告和卖货，而忽略了给用户带来价值，这样很难运营好账号，也难以得到用户的支持。

新媒体账号定位的核心规则为：一个账号只专注于一个垂直细分领域、只定位一类用户人群，只分享一个类型的内容。本节将介绍新媒体账号定位的相关知识，帮助大家更好地把握账号运营的方向。

1.1.1 账号定位的关键点

账号定位（Positioning）理论的创始人杰克·特劳特（Jack Trout）曾说过："所谓定位，就是令你的企业和产品与众不同，形成核心竞争力；对受众而言，即鲜明地建立品牌。"

其实，简单来说，定位包括以下 3 个关键点。

- 你是谁？
- 你要做什么事情？
- 你与别人有什么区别？

对于新媒体账号定位来说，还需要在此基础上进行一些拓展，具体内容如图 1-1 所示。

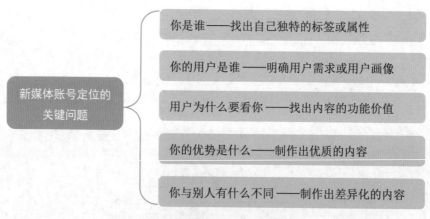

图 1-1 新媒体账号定位的关键问题

以抖音为例，该平台上有上亿的用户，每天更新的视频数量在百万以上，那么如何让自己发布的内容被大家看到并喜欢呢？关键就在于做好账号定位。账号定位直接决定了账号的涨粉速度和变现难度，同时也决定了账号的内容布局和引流效果。

1.1.2　账号定位的理由

运营者在准备注册新媒体账号时，必须将账号定位放到第一位，只有把账号定位做好了，之后的新媒体运营道路才会走得更加顺畅。图 1-2 所示为将账号定位放到第一位的 5 个理由。

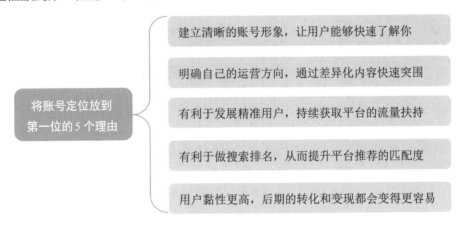

图 1-2　将账号定位放到第一位的 5 个理由

1.1.3　给账号打标签

标签指的是新媒体平台给运营者的账号进行分类的依据，平台会根据运营者发布的内容，给其账号打上对应的标签，然后将运营者的内容推荐给对这类标签作品感兴趣的人群。这种个性化的流量机制，不仅提高了运营者的创作积极性，也提升了用户的观看体验。

例如，某个平台上有 100 个人，其中有 50 个人对旅行感兴趣，还有 50 个人不喜欢旅行类的内容。此时，如果你的账号刚好是做旅行类内容的，但却没有做好账号定位，平台没有给你的账号打上"旅行"这个标签，那么系统便会随机将你的内容推荐给平台上的所有人。这种情况下，你的内容很可能没有什么用户点赞和关注，而由于点赞率过低，系统会认定内容不够优质，系统将不再给你推荐流量。

相反，如果你的账号被平台打上了"旅行"的标签，此时系统便不再随机推荐流量，而是精准地推荐给喜欢看旅行类内容的那 50 个人。这样，你的内容就获得更多的点赞和关注，从而获得更多的系统推送，让更多人看到你的作品，并喜欢上你的内容，进而关注你的账号。

只有做好新媒体的账号定位，给账号打上标签，你的账号才能在用户心中形成某种特定的印象。因此，对于新媒体运营者来说，给账号打上标签是非常重要的。下面笔者总结了一些给账号打标签的相关技巧，如图 1-3 所示。

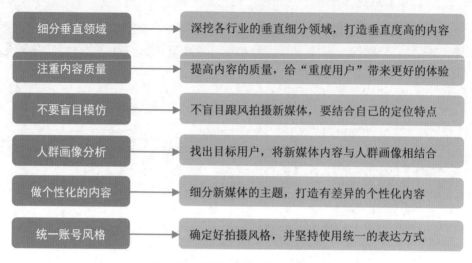

细分垂直领域	→	深挖各行业的垂直细分领域，打造垂直度高的内容
注重内容质量	→	提高内容的质量，给"重度用户"带来更好的体验
不要盲目模仿	→	不盲目跟风拍摄新媒体，要结合自己的定位特点
人群画像分析	→	找出目标用户，将新媒体内容与人群画像相结合
做个性化的内容	→	细分新媒体的主题，打造有差异的个性化内容
统一账号风格	→	确定好拍摄风格，并坚持使用统一的表达方式

图 1-3　给账号打标签的相关技巧

专家提醒

　　以抖音平台为例，一些专业人士经过分析得出了一个结论，即某个短视频作品连续获得系统的 8 次推荐后，就会获得一个新的标签，从而得到更加长久的流量扶持。

1.1.4　账号定位的步骤

　　很多人做新媒体运营其实都是跟风，看着大家都在做，也跟着去做，根本没有考虑过自己的运营目的到底是涨粉还是变现。以涨粉为例，蹭热点是非常快的涨粉方式，但这样做账号的变现能力就会降低。

　　因此，运营者需要先想清楚自己做新媒体的目的是什么，如引流涨粉、推广品牌、打造 IP（Intellectual Property，知识产权）、带货变现等。当运营者明确了账号定位的目的后，即可开始做账号定位，基本操作步骤如下。

　　（1）分析行业数据：在进入某个行业之前，先找出这个行业的头部账号，看看这些账号是如何运营的；还可以通过专业的行业数据分析平台，找出行业的最新玩法、热点内容、热门商品和创作方向。

　　（2）分析自身属性：对于平台上的头部账号来说，其点赞量和粉丝量都非常高，其运营者通常拥有良好的形象、才艺和技能，普通人很难模仿，因此新手需要从自己已有的条件和能力出发，找出自己擅长的领域，保证内容的质量和更新频率。

（3）分析同类账号：深入分析同类账号的新媒体题材、脚本、标题、运镜、景别、构图、评论、拍摄和剪辑方法等，学习其优点，并找出不足之处或能够进行差异化创作的地方，令你的账号从同类账号中脱颖而出。

1.1.5　账号定位的技巧

新媒体的账号定位就是为账号运营确定方向、为内容创作指明方向。那么，运营者到底该如何进行账号定位呢？笔者认为，账号定位具体可细分为行业定位、内容定位、商品定位、用户定位和人设定位，运营者可以从这5个维度分别进行思考。

1. 行业定位

行业定位就是确定账号分享的内容所属的行业和领域。通常来说，运营者在做行业定位时，只需选择自己擅长的领域，并在账号名字上体现自身的行业定位即可。例如，擅长摄影的运营者可以选择将摄影领域作为账号定位，擅长唱歌的运营者可以选择将歌唱领域作为账号定位，如图1-4所示。

图1-4　根据擅长领域做行业定位的案例

当然，有时候某个行业包含的内容比较广泛，而且抖音上做该行业内容的账号已经很多了。此时，运营者便可以通过对行业进行细分，从而有针对性地打造账号内容。

比如，摄影行业包含的内容比较多，而现在越来越多人开始直接使用手机拍摄视频，其中又有许多人对摄影构图比较感兴趣。因此，某抖音号便针对这一点专门深挖手机摄影技巧，并将账号定位为手机摄影技巧的分享账号。

2．内容定位

新媒体账号的内容定位就是确定账号的内容方向，并据此有针对性地生产内容，进行电商运营。通常来说，运营者在做内容定位时，只需结合账号定位确定需要发布的内容即可。内容定位是账号定位的关键，下一节我们将重点对内容定位进行讲解，这里就不再赘述了。

3．商品定位

大部分运营者之所以要做新媒体运营，就是希望能够借此变现，获得一定的收益，而商品销售又是比较重要的一种变现方式。因此，选择合适的变现商品，进行商品的定位就显得尤为重要了。

那么，运营者要如何进行商品定位呢？根据运营者自身的情况，可以将账号的商品定位分为两种：一种是根据自身的商品属性进行定位；另一种是根据自身的业务范围进行定位。

根据自身的商品属性进行定位很好理解，就是看自己有哪些商品是可以销售的，然后将这些商品作为销售的对象进行营销。

例如，某位运营者自身拥有多种零食的货源，于是其将账号定位为零食销售类账号。他不仅将账号命名为"××零食"，而且通过短视频对零食进行了展示，并为用户提供了相关零食的购买链接，如图 1-5 所示。

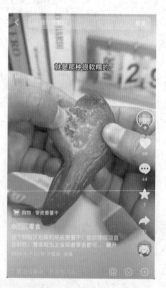

图 1-5　根据自身的商品属性进行的定位

根据自身的业务范围进行定位，就是发布与账号业务相关的短视频，然后根据短视频内容插入对应的商品链接。这种定位方式比较适合自身没有商品货源的运营者，这部分运营者只需根据短视频的内容添加他人的商品链接，便可以借助该商品的链接获得佣金收入。

例如，某位美食类运营者本身是没有商品货源的，于是，他便在自己发布的一条制作豆腐的短视频中，对一款豆浆机进行了展示，并为用户提供了购买链接，从而获取佣金收入。

4. 用户定位

在账号运营中，运营者如果能够明确用户群体，做好用户定位，并针对主要的用户群体进行营销，那么账号生产的内容将更具针对性，而短视频内容的带货能力也将变得更强。

在做用户定位时，运营者可以从性别、年龄和地域分布等方面分析目标用户，了解粉丝画像，并在此基础上更好地制定出有针对性的运营策略和展开精准营销。

在了解粉丝画像情况时，我们可以适当地借助一些分析软件。例如，我们可以通过以下步骤，在蝉妈妈微信小程序中了解抖音号的粉丝画像。

步骤 01 登录微信 App，进入"发现"界面，点击界面中的"小程序"按钮，如图 1-6 所示。

步骤 02 操作完成后，即可进入"小程序"界面，点击界面右上方的 Q 按钮，如图 1-7 所示。

图 1-6　点击"小程序"按钮

图 1-7　点击 Q 按钮

步骤 03 ❶在弹出的搜索框中，输入"蝉妈妈"；❷点击"搜索"按钮，如图 1-8 所示。

步骤 04 操作完成后，就会出现搜索结果，点击"小程序"下方"蝉妈妈"所在的位置，如图 1-9 所示。

图 1-8　搜索"蝉妈妈"

图 1-9　点击"蝉妈妈"所在的位置

步骤 05 进入"蝉妈妈"小程序的"首页"界面，点击搜索框，如图 1-10 所示。

步骤 06 ❶在搜索框中输入对应账号的名称，如"手机摄影构图大全"；❷点击"搜索"按钮，如图 1-11 所示。

图 1-10　点击搜索框

图 1-11　搜索"手机摄影构图大全"

步骤 07 操作完成后，就会出现搜索结果，点击"达人"下方"手机摄影构图大全"所在的位置，如图 1-12 所示。

步骤 08 进入"蝉妈妈·达人详情"界面，点击"粉丝"按钮，进行选项卡的切换，如图 1-13 所示。

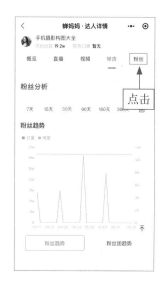

图 1-12　点击"手机摄影构图大全"所在的位置　　**图 1-13　点击"粉丝"按钮**

步骤 09 切换至"粉丝"选项卡后，即可在"粉丝画像"板块中查看粉丝的"画像概览""性别分布"和"年龄分布"情况，向下滑动界面，还可以查看粉丝的"地域分布"情况，如图 1-14 所示。

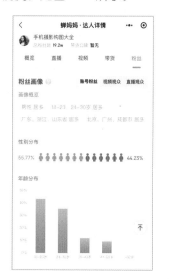

图 1-14　查看账号的"粉丝画像"

5．人设定位

人设，是人物设定的简称。所谓人物设定，就是运营者通过发布内容，塑造出镜人物的典型形象和个性特征。通常来说，成功的人设能在用户心中留下深刻的印象，让用户能够通过某个或者某几个标签，快速联想到该账号及账号中的出镜人物。

人物设定的关键就在于为出镜的主要人物贴上标签。那么，如何才能快速地为人物贴上标签呢？其中一种比较有效的方式就是通过短视频内容，来凸显人物某方面的特征，从而强化人物的标签。

例如，某运营者为了凸显自身的美食达人标签，经常会发布一些传授美食制作技巧的短视频，如图 1-15 所示。因为该账号发布的短视频中，运营者制作的美食看上去比较精致，展示的美食种类也比较多，让人觉得这位运营者懂得的美食制作技巧很多，所以该账号运营者的美食达人标签便树立起来了。

图 1-15　通过发布短视频凸显达人的标签

1.2　内容定位：确定内容打造方案

做新媒体的运营，本质上还是做内容运营，那些能够快速涨粉和变现的运营者，都是靠优质的内容实现的。被内容吸引的用户，都是对运营者分享的内容感兴趣的人群，这类人群是更加精准的目标用户群体。因此，内容是运营新媒体的核心所在，同时也是账号获得平台流量的核心要素。

对于做新媒体运营来说，内容就是王道，而内容定位的关键就是用什么样的内容来吸引特定的用户群体。本节将介绍新媒体内容定位的技巧，帮助运营者找到一个特定的内容形式，快速实现引流和变现。

1.2.1 挖掘用户的痛点

在新媒体平台上，运营者不能简单地去模仿热门内容，而要找到能够带来精准用户的内容，从而帮助自己获得更多的粉丝，这就是内容定位的要点。内容不仅可以直接决定账号定位，而且决定了账号的目标用户和变现能力。因此，做内容定位时，不仅要考虑引流增粉的问题，还要考虑持续变现的问题。

运营者在做内容定位的过程中，要清楚一个非常重要的要素，即这个精准人群有哪些痛点。那么，什么是痛点？挖掘痛点又有什么作用呢？下面进行具体解读。

1. 什么是痛点？

痛点是指用户的核心需求，是运营者必须为他们解决的问题。对于用户的需求问题，运营者可以做一些调研，最好采用场景化的描述方法。痛点其实就是人们日常生活中的各种不便，运营者要善于发现痛点，并帮助用户解决这些痛点。

2. 挖掘痛点有什么作用？

找到目标用户的痛点，对于运营者而言，主要有两方面的好处，具体如图1-16所示。

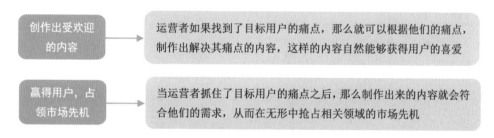

| 创作出受欢迎的内容 | 运营者如果找到了目标用户的痛点，那么就可以根据他们的痛点，制作出解决其痛点的内容，这样的内容自然能够获得用户的喜爱 |
| 赢得用户，占领市场先机 | 当运营者抓住了目标用户的痛点之后，那么制作出来的内容就会符合他们的需求，从而在无形中抢占相关领域的市场先机 |

图1-16 找到目标用户痛点的好处

对于运营者来说，想要打造爆款内容，就需要清楚自己的目标用户最想看的内容是什么，也就是抓住目标用户的痛点，这样你就可以根据他们的痛点来制作内容了。

1.2.2 找用户的关注点

对于用户来说，他们越缺什么，就会越关注什么，而运营者只需找到用户关注的那个点去制作内容，这样的内容就会受大家欢迎。只要运营者敢于在内容上下功夫，就根本不愁没有用户和流量。但是，如果运营者一味地在打广告上下功夫，就很有可能会被用户讨厌。

在一条新媒体内容中，往往只有那么几秒钟的内容能打动用户，也许这就是所谓的"一见钟情"。运营者要记住一点，那就是在新媒体平台上涨粉只是一种动力，能够让自己更有信心地在这个平台上做下去，而真正能够给自己带来动力的是吸引到精准用户，让他们持续关注自己的内容。

不管运营者处于什么行业，只要能够站在用户的角度去思考、去进行内容定位，并将自己的行业经验分享给大家，那么这种内容的价值就相当可观。

1.2.3　找到内容输出方法

在新媒体平台上输出内容，是一件非常简单的事情，但是要想输出有价值的内容，获得用户的认可，就有难度了。特别是如今各种新媒体内容创作者多如牛毛，越来越多的人参与其中，那么到底如何才能找到合适的内容去输出呢？怎样提升内容的价值呢？下面介绍具体的方法。

1．选择合适的内容输出形式

当运营者在行业中积累了一定的经验，有了足够优质的内容之后，就可以输出这些内容了：如果你擅长写作，可以写文案；如果你的声音不错，可以通过音频去输出内容；如果你的镜头感比较好，则可以去拍一些真人出镜的新媒体内容。

通过选择合适的内容输出形式，即可在比较短的时间内成为这个领域中的佼佼者。

2．持续输出有价值的内容

如今是互联网时代，内容输出方式非常多，如图文、音频、新媒体、直播，以及中长视频等，这些都可以去尝试。运营者在持续输出有价值的内容时，要注意以下几点。

- 做好内容定位，专注于做垂直细分领域的内容。
- 始终坚持每天创作高质量内容，并保证持续产出。
- 发布比创作更重要，要及时地将内容发送到平台上。

如果运营者只创作内容，而不输出内容，那么这些内容就不会被人看到，这样就无法通过内容影响别人了。因此，运营者要根据自己的特点去生产和输出内容，最重要的一点就是要持续不断地去输出内容。因为只有持续不断地输出内容，才有可能建立自己的行业地位，成为所在领域的意见领袖。

1.2.4　内容定位的标准

对于新媒体的内容定位而言，内容最终是为用户服务的，要想让用户关注你，或者点赞和转发你的内容，那么你的内容就必须要能够满足他们的需求。要想做到这一点，运营者的内容定位还需要符合一定的标准，如图 1-17 所示。

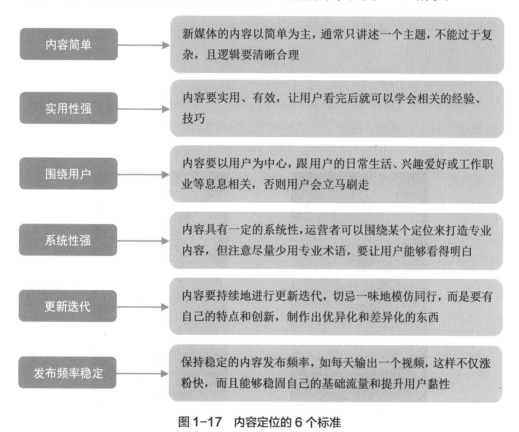

内容简单	新媒体的内容以简单为主，通常只讲述一个主题，不能过于复杂，且逻辑要清晰合理
实用性强	内容要实用、有效，让用户看完后就可以学会相关的经验、技巧
围绕用户	内容要以用户为中心，跟用户的日常生活、兴趣爱好或工作职业等息息相关，否则用户会立马刷走
系统性强	内容具有一定的系统性，运营者可以围绕某个定位来打造专业内容，但注意尽量少用专业术语，要让用户能够看得明白
更新迭代	内容要持续地进行更新迭代，切忌一味地模仿同行，而是要有自己的特点和创新，制作出优异化和差异化的东西
发布频率稳定	保持稳定的内容发布频率，如每天输出一个视频，这样不仅涨粉快，而且能够稳固自己的基础流量和提升用户黏性

图 1-17　内容定位的 6 个标准

1.2.5　内容定位规则

新媒体平台上的大部分爆款内容，都是经过运营者精心策划的，因此内容定位也是成就爆款内容的重要前提。运营者需要让内容始终围绕定位进行策划，从而保证内容的方向不会产生偏差。在进行内容定位规划时，运营者需要注意以下几个规则。

1．选题有创意

内容的选题尽量独特、有创意，同时要建立自己的选题库和规范的工作流程，这样不仅能够提高创作的效率，还可以刺激用户持续观看的欲望。例如，运营者可以多搜集一些热点加入到选题库中，然后结合这些热点创作内容。

2．剧情有落差

新媒体通常需要在短短几十秒内将大量的信息清晰地展现出来，因此内容通常比较紧凑。尽管如此，运营者还是要脑洞大开，在剧情上安排一些高低落差，来吸引用户的目光。

3．内容有价值

不管是哪种内容，都要尽量给用户带来价值，让用户愿意为你付出时间成本，看完你的内容。例如，做搞笑类的短视频，就需要给用户带来快乐；做美食类的短视频，就需要让用户产生食欲，或者让他们产生实践的想法，如图 1-18 所示。

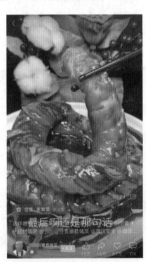

图 1-18　美食类短视频

4．情感有对比

内容的灵感通常来源于生活，运营者可以采用一些简单的拍摄手法，来展现生活中的真情实感，同时加入一些情感的对比，这种内容更容易打动用户，从而带动用户的情绪。

专家提醒

新媒体的台词内容要具备一定的共鸣性，要能够触动用户的情感共鸣点，让他们愿意信任你。

5．时间有把控

运营者需要合理地安排新媒体的时间节奏，以抖音默认的 15 秒短视频为例，抖音之所以如此选择是因为这个时间长短的短视频是最受用户喜欢的，短于 7 秒的短视频不会得到系统推荐，长于 30 秒的短视频用户很难坚持看完。

1.3　定位技巧：为后续指明方向

新媒体运营者在尝试运营新媒体账号时，首先需要做的就是通过定位为账号运营确定一个方向，为内容发布指明方向。那么，如何进行定位呢？笔者认为大家可以从以下 3 个方面进行思考。

1.3.1　找到自身专长

对于自身具有专长的人来说，根据自身专长做定位是一种最直接和有效的定位方法。新媒体运营者只需对自己或团队成员进行分析，然后选择某个或几个专长制作内容，进行账号定位即可。

为什么要选取相关特长作为自己的定位？因为如果你今天分享视频营销类内容，明天分享社群营销类内容，那么关注社群营销的人可能会取消关注，因为你分享的视频营销类内容他不喜欢，反之亦然，在这种情况下，账号"掉粉率"会比较高。运营者要记住，账号定位越精准、越垂直，用户黏性越高，变现越轻松，获得的精准流量就越多。

例如，某运营者原本就是一位拥有动人嗓音的歌手，所以她将自己的账号定位为音乐作品分享类账号。她通过该账号重点分享了自己的原创歌曲和当下的一些热门歌曲，如图 1-19 所示。

图 1-19　某账号分享的原创歌曲和当下的一些热门歌曲

又如，某运营者擅长舞蹈，拥有曼妙的舞姿，因此，她将自己的抖音账号定位为舞蹈教学分享类账号。在这个账号中，该运营者分享了大量舞蹈教学类短视频，如图1-20所示，这些作品让她快速地积累了大量用户。

图1-20　舞蹈教学类短视频

自身专长包含的范围很广，除了唱歌、跳舞等才艺之外，还包括其他诸多方面，如绘画、书法和乐器等，这些都是专长。图1-21所示为某运营者发布的书法展示类短视频。

图1-21　书法展示类短视频

由此不难看出，只要运营者或其团队的成员拥有专长，并根据专长打造内容，而发布的相关内容又比较受欢迎，那么，将该专长作为账号的定位，是一种不错的定位方法。

在新媒体账号的运营中，如果能够明确用户群体，做好用户定位，并针对主要的用户群体进行营销，那么运营者生产的内容将更具针对性，从而对目标用户群体产生更强的吸引力。

1.3.2　了解用户需求

通常来说，能满足大量用户需求的内容更容易受到欢迎。因此，结合用户的需求和自身专长进行定位也是一种不错的定位方法。

大多数女性有化妆的习惯，因此这些女性通常会对美妆类内容比较关注。在这种情况下，新媒体运营者如果对美妆内容比较擅长，那么将账号定位为美妆分享账号就比较合适了。

例如，某运营者是入驻快手等多个平台的美妆博主，再加上许多抖音用户对美妆类内容比较感兴趣，因此，该运营者入驻抖音之后，便将账号定位为美妆类账号，并在账号中持续为用户分享美妆类内容。图 1-22 所示为该运营者发布的相关美妆短视频。

图 1-22　美妆短视频

许多用户，特别是喜欢做菜的用户，通常会从新媒体中寻找一些新菜肴的制作方法。因此，如果运营者自身就是厨师，或者会做的菜肴相对比较多，又或者特别喜欢制作美食，那么运营者可以将账号定位为美食制作分享账号。这是一种很好的定位方法。

例如，某运营者将自己的抖音号定位为美食制作分享账号。在该账号中，运营者通过视频将一道道菜肴从选材到制作的全过程进行呈现。因为该账号分享的视频将制作过程进行了详细展示，再加上许多菜肴都是用户想要亲手制作的，所以其发布的视频内容很容易获得大量的播放和点赞。

1.3.3 打造品牌特色

许多企业和品牌在长期的发展过程中已经形成了自身的特色。此时，如果根据这些特色进行定位，通常比较容易获得用户的认同。

根据品牌特色做定位的方法又可以细分为两种方法：一是以能够代表企业的卡通形象做账号定位；二是以企业或品牌的业务范围做账号定位。

某零食品牌就是以代表企业的卡通形象来做账号定位的，该品牌经常会在自己运营的快手号上分享一些短视频，而这些短视频又是将代表企业的卡通形象作为主角来打造的。

熟悉该零食品牌的人群，都知道这个品牌的卡通形象和 Logo 是短视频中的卡通形象。因此，该快手号的短视频便具有了自身的品牌特色，而且这种围绕卡通形象进行的表达更容易被人记住。

第 2 章

引流增粉：实现流量和粉丝暴涨

对于做新媒体的人来说，流量是运营者的核心竞争力，因此引流就成为新媒体运营中的关键环节，运营者需要通过引流获取更多流量，让更多用户关注自己的账号，这样才能快速积累大量粉丝。

2.1 获取流量：了解平台的引流机制

要想成为新媒体平台上的"头部大 V"，运营者首先要想办法给自己的账号或内容注入流量，让作品火爆起来，这是成为达人的一条捷径。如果运营者没有一夜爆火的好运气，就需要一步步脚踏实地地做好自己的内容。

当然，这其中也有很多运营技巧，这些技巧能够帮助运营者获得更多流量和关注量，而平台的算法机制就是不容忽视的重要环节。目前，大部分新媒体平台采用的都是去中心化的流量分配逻辑。本节以抖音平台为例，介绍新媒体平台的推荐算法机制，让你的内容获得更多平台流量，轻松上热门。

2.1.1 什么是算法机制

简单来说，算法机制就像是一套评判规则，这个规则作用于平台上的所有用户（包括运营者和观众），用户在平台上的所有行为都会被系统记录，同时系统会根据这些行为判断用户的性质，将用户分为优质用户、流失用户和潜在用户等类型。

例如，某个运营者在平台上发布了一条内容，此时算法机制就会根据这条内容的各项数据指标，来判断新媒体内容的优劣。如果算法机制判断该内容为优质内容，则会继续在平台上对其进行推荐，否则就不再提供流量扶持。

如果运营者想知道平台最喜欢推荐哪种类型的内容，可以注册一个新账号，然后记录并看完刷到的前 30 条短视频，这样算法机制是无法判断运营者喜好的，平台便会给运营者推荐当前平台上最受欢迎的内容。

因此，运营者可以根据平台的算法机制来调整短视频的内容细节，让自己的内容能够最大化地迎合平台的算法机制，从而获得更多流量。

2.1.2 平台的算法逻辑

抖音通过智能化的算法机制来分析运营者发布的内容和用户的行为，如点赞、停留、评论、转发和关注等，从而了解每个人的兴趣，并给内容和账号打上对应的标签，从而实现彼此的精准匹配。

在这种算法机制下，好的内容能够获得用户的关注，也就是获得精准的流量；而用户则可以看到自己想要看的内容，从而持续地在这个平台上停留；同时，平台也获得了更多的高频用户，可谓"一举三得"。

运营者发布到抖音平台上的内容需要经过层层审核，才能被用户看到，其背后主要的算法逻辑分为 3 个部分，如图 2-1 所示。

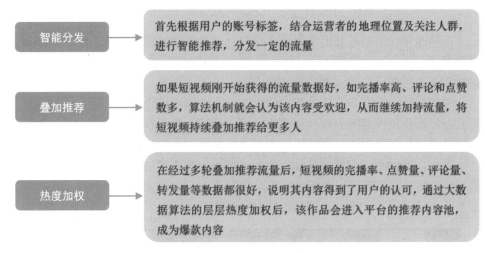

图 2-1 抖音的算法逻辑

2.1.3 流量的赛马机制

运营者发布内容后，抖音会将同一时间发布的所有视频放到一个池子里，给予一定的基础推荐流量，然后根据这些流量的反馈情况进行数据筛选，选出数据好的内容，将其放到下一个流量池中，而数据差的内容，系统暂时不会再推荐了。

也就是说，在抖音平台上，内容的竞争和赛马一样，通过算法将差的内容淘汰。图 2-2 所示为流量赛马机制的相关流程。

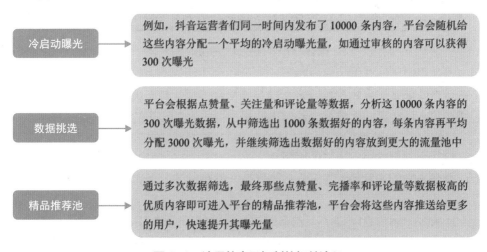

图 2-2 流量的赛马机制的相关流程

2.1.4　把握住平台的流量池

在抖音平台上，不管运营者有多少粉丝、内容质量是否优质，每个人发布的内容都会进入到一个流量池。当然，运营者的内容是否能够进入到下一个流量池，关键在于内容在上一个流量池中的表现。

总的来说，抖音的流量池可以分为低级、中级和高级 3 类，平台会依据运营者的账号权重和内容的受欢迎程度来分配流量池。也就是说，账号权重越高，发布的内容越受用户欢迎，得到的曝光量也会越多。

因此，运营者一定要把握住平台的流量池，想方设法让自己的内容在这个流量池中获得较好的表现。通常情况下，抖音平台评判内容在流量池中的表现，主要参照点赞量、评论量、收藏量和转发量这几个指标，如图 2-3 所示。

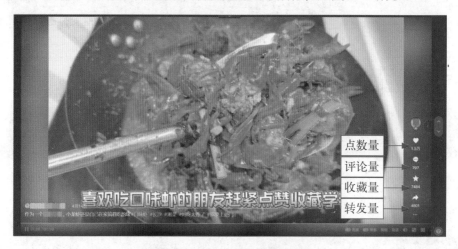

图 2-3　抖音平台上的指标数据

也就是说，运营者的账号是否能够做起来，这几个指标是关键因素。如果某个运营者连续 7 天发布的内容都没有人点赞和评论，甚至很多人看到封面后就直接刷走了，那么算法系统就会判定该账号为低级号，给予的流量推荐会非常少。

如果某个运营者连续 7 天发布的视频的播放量都维持在 200～300，则算法系统就会判定该账号为最低权重号，同时将其发布的内容分配到低级流量池中。若该账号发布的内容持续 30 天播放量仍然没有突破，则同样会被系统判定为低级号。

如果某个运营者连续 7 天发布的视频播放量都超过 1000，则算法系统会判定该账号为中级号或高级号，这样的账号发布的内容只要随便蹭个热点就能轻松上热门了。

运营者搞懂了抖音的算法机制后，即可轻松引导平台给账号匹配优质的用户标签，让账号权重更高，从而让内容分配到更多流量。

2.1.5　获得流量的叠加推荐

　　抖音平台给内容推荐了第一波流量后，算法机制会根据这波流量的反馈数据判断内容的优劣，如果判定为优质内容，则会给内容叠加分发多波流量，反之就不会继续分发流量了。

　　因此，抖音的算法系统采用的是一种叠加推荐机制。一般情况下，运营者发布作品后的第一个小时内，如果内容的播放量超过 5000 次、点赞量超过 100 个、评论量超过 10 个，算法系统就会马上进行下一波推荐。图 2-4 所示为叠加推荐机制的基本流程。

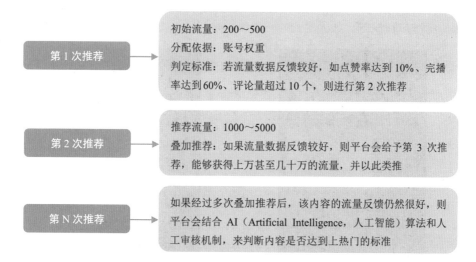

图 2-4　叠加推荐机制的基本流程

　　运营者需要注意的是，千万不要为走捷径而去刷数据，平台对于这种违规操作是明令禁止的，并会根据情况的严重程度，作出审核不通过、删除违规内容、内容不推荐、后台警示、限制上传视频、永久封禁和报警等处理。

专家提醒

　　许多人可能会遇到这种情况，就是自己制作的原创内容没有火，但是别人翻拍你的作品却火了，这很可能是受到了账号权重的影响。账号权重就是账号的优质程度，说直白点就是运营者的账号在平台心目中的位置。权重会影响内容的曝光量，高权重的账号发布的内容更容易被平台推荐。

2.2 引流技巧：轻松获得百万粉丝

吸粉引流一直以来都是新媒体账号运营过程中的重点和难点。那么，在新媒体账号的运营过程中，如何才能做到快速吸粉引流呢？本节笔者将从多个角度展开，帮助大家快速引流，轻松获得百万粉丝。

2.2.1 硬广引流

硬广引流是指通过发布内容展示商品或品牌获得流量的一种方法。运用这种方法引流时，运营者可以直接展示商品和品牌的优势，也可以将搜集到的反馈图全部整理出来，然后将这些反馈图制作成内容进行发布。

例如，某新款手套上市时，该手套品牌的企业抖音号便是通过展示商品的优势来进行推广引流的，如图 2-5 所示。

图 2-5 通过展示商品优势进行硬广引流

2.2.2 合拍引流

合拍分为两种，一种是与其他账号的运营者或者某些知名人士同框进行拍摄，另一种是借助平台的功能与其他账号中发布的内容进行合拍。例如，在抖音平台中，便可以借助"合拍"功能拍摄短视频，具体操作如下。

步骤 01 进入需要"合拍"的短视频的播放界面，点击界面中的 按钮，如图 2-6 所示。

步骤 02 操作完成后，会弹出"分享给朋友"对话框，点击对话框中的"合拍"

按钮，如图 2-7 所示。

图 2-6　点击 按钮

图 2-7　点击"合拍"按钮

步骤 03　进入抖音的"拍视频"界面，画面上方会出现你要拍摄的视频内容，下方则是原视频的画面，点击界面中的 按钮，如图 2-8 所示。

步骤 04　操作完成后，进行短视频的拍摄，拍摄完成后，点击 按钮，如图 2-9 所示。

图 2-8　点击 按钮

图 2-9　点击 按钮

步骤 05　进入短视频预览界面，在界面中查看短视频内容，确认内容无误后，点击"下一步"按钮，如图2-10所示。

步骤06 进入"发布"界面，在界面中设置视频的相关信息。设置完成后，点击"发布"按钮，如图2-11所示。

图2-10　点击"下一步"按钮　　　图2-11　点击"发布"按钮

步骤07 进入"朋友"界面，此时界面左上方会显示"合拍"短视频的上传进度，如图2-12所示。

步骤08 短视频上传完成后，如果"朋友"界面中播放了刚刚上传的"合拍"视频，就说明"合拍"短视频发布成功了，如图2-13所示。

图2-12　显示"合拍"短视频的上传进度　　图2-13　"合拍"短视频发布成功

2.2.3　直播引流

很多新媒体平台都有直播功能，直播对于运营者来说意义重大，一方面，运营者可以通过直播销售商品，获得收益；另一方面，直播也是一种有效的引流方式，只要用户在运营者直播的过程中点击关注，便会成为账号的粉丝。

如图 2-14 所示，在某个视频号直播中，用户只需要点击界面上方的"+ 关注"按钮，原来"关注"按钮所在的位置将变成"已关注"按钮，此时用户便成为该视频号的粉丝了。

图 2-14　通过直播关注视频号

除此之外，用户在直播界面中还有一种关注账号的方法，那就是点击账号头像，进入账号的主页，并点击"关注"按钮。

2.2.4　评论引流

许多用户在观看新媒体内容时，会习惯性地查看评论区的内容。用户如果觉得内容比较有趣，还可以通过 @ 功能，吸引其他用户前来观看该内容。因此，如果评论区利用得当，可以起到不错的引流效果。

以短视频平台为例，短视频中能够呈现的内容相对有限，这就有可能出现一种情况，那就是有的内容显得太简单或不完整，需要进行一些补充。此时，运营者便可以通过在评论区写评论来进一步表达。另外，在短视频刚发布时，可能看到短视频的用户并不是很多，也不会有太多用户评论。如果此时运营者自行评论，也能在一定程度上增加短视频的评论量。

除了自我评论补充信息之外，运营者还可以通过回复评论来解决用户的疑问，引导用户的情绪，从而提高商品的销量。

回复评论看似是一件再简单不过的事，实则不然。为什么这么说呢？这主要是因为在回复评论时还有一些需要注意的事项，具体如下。

1. 第一时间回复评论

运营者应该尽可能地在第一时间回复用户的评论，这主要有两方面的好处。一是快速回复用户能够让用户感觉到你对他很重视，这样自然能增加用户对你和你的账号的好感；二是回复评论能够在一定程度上增加短视频的热度，让更多用户看到你的短视频。

那么，运营者如何才能做到第一时间回复评论呢？其中一种比较有效的方法就是在短视频发布的一段时间内，及时查看用户的评论，一旦发现有新的评论，便立即回复。

2. 不要重复回复评论

对于相似的问题，或者同一个问题，运营者不要重复进行回复。这主要有两个原因。一是很多用户的评论中或多或少会有一些营销的痕迹，如果重复回复，那么在整个评论界面便会看到很多有广告痕迹的内容，而这些内容往往会让用户产生反感情绪。

二是对于相似的问题，运营者只需对点赞数较高的问题进行回复，点赞相对较高的问题会排到评论界面的靠前位置，其他有相似问题的用户自然就能看到，而且还能减少评论的回复工作量，节省大量的时间。

3. 注意规避敏感词汇

对于一些敏感的问题和敏感的词汇，运营者在回复评论时一定要尽可能规避。当然，如果避无可避也可以采取迂回战术，如不对敏感问题进行正面回答，用意思相近的其他词汇或用谐音代替敏感词汇。

2.2.5 互推引流

互推就是互相推广的意思。大多数抖音号在运营过程中，都会获得一些粉丝，只是对于许多运营者来说，粉丝量可能并不是很多。此时，运营者便可以通过与其他抖音号进行互推，让更多用户看到你的抖音号，从而提高抖音号的传播范围，让抖音号获得更多的流量。

在抖音平台中，互推的方法有很多种，其中比较直接有效的一种就是在短视频中互相 @，让用户在看到相关短视频时能看到互推的账号。

图 2-15 所示为两个运营者发布的短视频，可以看到这两条短视频就是通过

使用 @ 功能进行互推的，再加上这两个账号的运营者是父女关系，因此这两个账号之间具有很高的关联度，互推的频率也易于把握。所以，这两个账号的互推通常能获得不错的效果。

图 2-15　账号互推

2.2.6　SEO 引流

SEO（Search Engine Optimization，搜索引擎优化），是指通过对内容的优化获得更多流量，从而实现自身的营销目标。说起 SEO，许多人首先想到的就是搜索引擎的优化，如百度平台的 SEO。

其实，SEO 不只是搜索引擎独有的运营策略。大多数新媒体平台同样是可以进行 SEO 优化的。比如，我们可以通过对快手短视频的内容进行 SED 优化，实现内容霸屏，从而让相关内容获得快速传播。

快手平台 SEO 优化的关键就是关键词的选择，而关键词的选择又可细分为两个方面，即视频关键词的确定和视频关键词的使用。

1. 视频关键词的确定

用好关键词的第一步就是确定合适的关键词。通常来说，视频关键词的确定主要有以下两种方法。

（1）根据内容确定关键词。

什么是合适的关键词？它应该是与快手号的定位和内容相关的，否则，用户即便看到你的内容，也会因为内容与关键词不对应而直接略过，这样一来，选取的关键词也就没有太多积极意义了。

（2）通过预测选择关键词。

除了根据内容确定关键词之外，运营者还需要学会预测关键词。用户在搜索时所用的关键词可能会呈现阶段性的变化。具体来说，许多关键词都会随着时间的变化而具有不稳定的升降趋势。因此，运营者在选取关键词之前，需要先预测用户搜索的关键词。下面笔者从两个方面分析介绍如何预测关键词。

社会热点新闻是人们关注的重点，当社会新闻出现后，会出现一大波新的关键词，搜索量高的关键词就叫热点关键词。因此，运营者不仅要关注社会新闻，还要会预测出热点关键词，并抢占有利的时机将其用于快手内容中。下面笔者介绍一些预测社会热点关键词的方向，如图 2-16 所示。

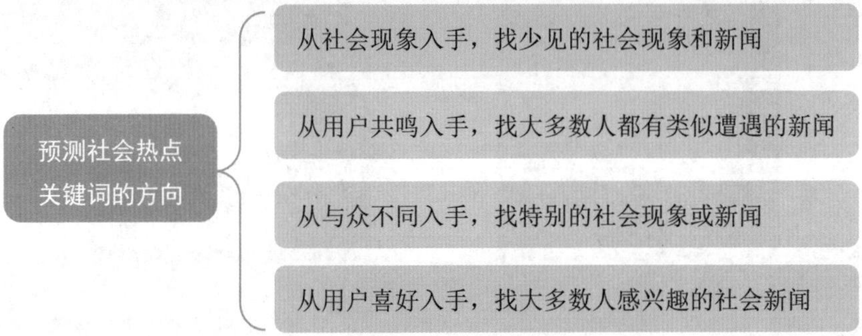

预测社会热点
关键词的方向

从社会现象入手，找少见的社会现象和新闻

从用户共鸣入手，找大多数人都有类似遭遇的新闻

从与众不同入手，找特别的社会现象或新闻

从用户喜好入手，找大多数人感兴趣的社会新闻

图 2-16　预测社会热点关键词的方向

除此之外，即便搜索同一类物品，用户在不同时间段选取的关键词仍有可能存在一定的差异性。也就是说，用户选择的搜索关键词可能会呈现出一定的季节性。因此，运营者需要根据季节性，预测用户搜索时可能会选取的关键词。

值得一提的是，关键词的季节性波动比较稳定，主要体现在季节和节日两个方面。例如，用户在搜索服装类内容时，可能会直接搜索包含四季名称的关键词，如春装；也可能会搜索包含节日名称的关键词，如春节新衣服。季节性的关键词预测比较容易，运营者除了可以从季节和节日名称方向进行预测，还可以从其他方向进行预测，如图 2-17 所示。

2．视频关键词的使用

在添加关键词之前，运营者可以通过查看抖音热点、朋友圈动态和微博热点等方式，抓取近期的高频词汇，将其作为关键词嵌入在快手上发布的短视频内容中。

需要特别说明的是，运营者在统计出近期出现频率较高的关键词后，还需了解关键词的来源，只有这样才能让关键词用得恰当。

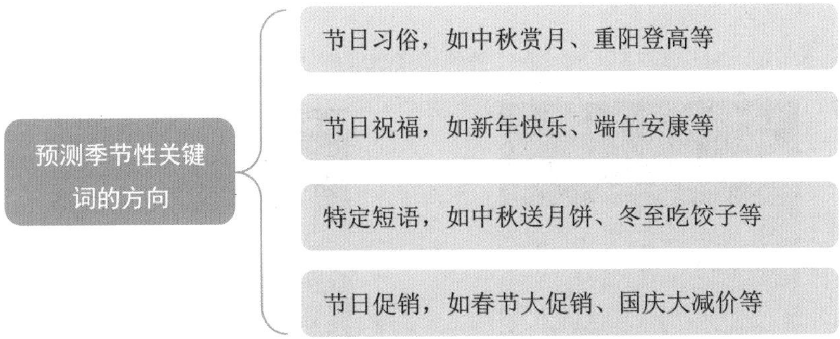

预测季节性关键词的方向
节日习俗，如中秋赏月、重阳登高等
节日祝福，如新年快乐、端午安康等
特定短语，如中秋送月饼、冬至吃饺子等
节日促销，如春节大促销、国庆大减价等

图 2-17　预测季节性关键词的方向

除了选择高频词汇之外，运营者还可以通过在快手主页介绍信息和视频文案中增加关键词使用频率的方式，让内容尽可能与自身业务联系起来，从而给用户营造一种专业的氛围。

2.2.7　矩阵引流

矩阵引流就是通过多个账号的运营进行营销推广，从而增强营销的效果，获取稳定的流量。抖音矩阵可分为两种：一种是同源账号，即某个运营者、公司或机构，同时运营多个相关联的账号，组成一个营销矩阵；另一种是多个具有联系的运营者组成一个矩阵，共同进行营销推广。

例如，某位运营者便是借助抖音矩阵打造了多个账号，且每个抖音号都拥有一定数量的粉丝，如图 2-18 所示。

东方
粉丝：2998.8万
东方 科技有限公司
关注
东方 生活
发过相关视频
粉丝：316.2万
东方 科技有限公司
关注
东方
粉丝：154.1万
东方 科技有限公司
关注

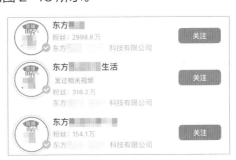

图 2-18　同源账号矩阵的打造

2.2.8　分享引流

很多新媒体平台都有分享转发功能，运营者可以借助该功能，将内容分享出去，从而达到引流的目的。下面以抖音为例，为大家讲解分享短视频的方法。

步骤 01 打开抖音 App，进入已发布的短视频的播放界面，点击 ••• 按钮，如图 2-19 所示。

步骤 02 执行操作后，会弹出"分享给朋友"对话框，如图 2-20 所示。

图 2-19　点击●●●按钮

图 2-20　"分享给朋友"对话框

步骤 03 滑动"分享给朋友"对话框中第 2 行中的按钮，点击右侧的"更多分享"按钮，如图 2-21 所示。

步骤 04 执行操作后，会弹出相关对话框，点击对话框中短视频要分享的平台对应的按钮，如图 2-22 所示。

图 2-21　点击"更多分享"按钮

图 2-22　点击 QQ 按钮

步骤 **05** 执行操作后，会弹出 QQ 对话框，点击对话框中的"发送给好友"按钮，如图 2-23 所示。

步骤 **06** 进入 QQ App 的"发送给"界面，选择要分享的对象，如图 2-24 所示。

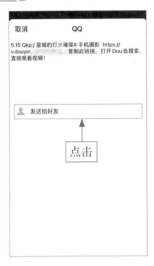

图 2-23　点击"发送给好友"按钮　　图 2-24　选择短视频要分享的对象

步骤 **07** 执行操作后，会弹出"发送给："对话框，点击对话框中的"发送"按钮，如图 2-25 所示。

步骤 **08** 执行操作后，如果进入与对应好友的会话界面，并且界面中出现一个包含链接的对话框，就说明短视频链接分享成功了，如图 2-26 所示。

图 2-25　点击"发送"按钮　　　图 2-26　短视频链接分享成功

步骤 ⑨ 被分享的好友看到信息之后，只需点击链接，跳转至抖音 App 后，即可查看对应短视频的内容，这无疑可以为短视频带来一定的流量。

专家提醒

有的平台之间可能不支持分享，对于这种情况，运营者可以转变一下思路，先获得内容或链接，再进行分享。例如，可以先在内容的发布平台中复制链接，再将链接粘贴至另一个平台中。

2.2.9 私信引流

运营者可以借助平台的私信功能，直接将内容发送给好友，从而增加内容的流量。具体来说，运营者可以通过如下操作将短视频转发给抖音好友。

步骤 ① 登录抖音短视频 App，进入需要分享的视频的播放界面，点击 ●●● 按钮，如图 2-27 所示。

步骤 ② 执行操作后，会弹出"分享给朋友"对话框，点击对话框框中的"私信朋友"按钮，如图 2-28 所示。

图 2-27　点击 ●●● 按钮

图 2-28　点击"私信朋友"按钮

步骤 ③ 执行操作后，会弹出私信朋友的相关对话框，点击对应好友账号右侧的"分享"按钮，如图 2-29 所示。

步骤 ④ 如果"分享"按钮变成"捎句话"按钮，说明短视频已成功地转发给对应好友了，如图 2-30 所示。

图 2-29　点击"分享"按钮　　　　图 2-30　"分享"按钮变成"捎句话"按钮

步骤 05 此时，运营者如果进入抖音 App 的"消息"界面，点击对应的消息，即可进入与好友的会话界面，查看转发的短视频消息，如图 2-31 所示。

图 2-31　查看转发的短视频消息

2.2.10　跨平台引流

跨平台引流，简单来说，就是将一个平台的流量引导至另一个平台或平台的某个账号。例如，运营者可以通过发布短视频，将快手平台的流量引导至自己的抖音号，具体操作步骤如下。

步骤 01 通过手机截图，保存要引流抖音号的相关图片。登录快手 App，进入"我"界面，点击⊕按钮，如图 2-32 所示。

步骤 02 执行操作后，进入"随手拍"界面，点击界面中的"相册"按钮，如图 2-33 所示。

图 2-32　点击⊕按钮

图 2-33　点击"相册"按钮

步骤 03 执行操作后，会弹出"最近项目"对话框，❶选择需要上传的视频或图片；❷点击下方的"下一步"按钮，如图 2-34 所示。

步骤 04 执行操作后，进入短视频编辑界面，在该界面中查看视频内容，确认无误后点击下方的"下一步"按钮，如图 2-35 所示。

步骤 05 进入视频发布界面，在该界面中填写视频的相关信息，并对封面图片、所在位置等内容进行设置。相关信息填写和设置完成后，点击下方的"发布"按钮，如图 2-36 所示。

步骤 06 操作完成后，如果跳转至"首页"界面，并且显示了刚刚发布的视频，就说明视频发布成功了，如图 2-37 所示。

除了线上的跨平台引流外，运营者还可以借助线下渠道做引流。以抖音线下引流为例，对于拥有实体店的运营者来说，线下拍摄抖音短视频是一种比较简单有效的引流方式。通常来说，线下拍摄分为两种：一种是运营者及相关人员自行进行拍摄；另一种是邀请进店的消费者（包括探店达人）进行拍摄。

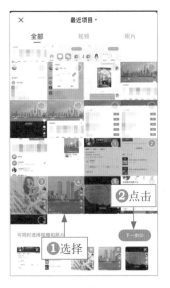

图 2-34　"最近项目"对话框

图 2-35　短视频编辑界面

图 2-36　视频发布界面

图 2-37　视频发布成功

运营者及相关人员自行拍摄短视频时，能够引发过路人员的好奇心，从而为店铺引流。短视频上传之后，如果用户对你的内容感兴趣，也会选择关注你的账号。

而邀请进店的消费者进行拍摄，则可以直接拓展店铺的宣传渠道，让更多用户看到你的店铺及相关信息，从而达到为店铺和账号引流的目的。

有时单纯邀请消费者拍摄短视频的效果不是很明显，此时运营者还可以采取另一种策略。那就是在线下的实体店举行转发有优惠的活动，让消费者将拍摄好的短视频转发至微信、QQ 等社交平台，提高店铺和账号的知名度。

当然，为了提高消费者转发的积极性，运营者可以根据消费者发布内容的转发量，以及转发后的点赞数给出不同的优惠力度。这样，消费者为了获得更大的优惠力度，自然会更卖力地进行转发，而转发的实际效果也会更好。

除了线下拍摄和线上转发之外，还有一种直接增加账号粉丝量的方法，那就是通过线下扫码，让进店的消费者或者是路人成为你的粉丝。

当然，在消费者扫码之前，还需让其有码可扫。以抖音为例，运营者可以进入"我"界面，❶点击▤按钮，❷选择"我的二维码"选项，如图 2-38 所示，操作完成后，进入账号二维码的相关界面，运营者只需点击界面中的"保存"按钮，便可下载抖音号的二维码，如图 2-39 所示。

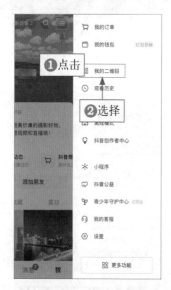

图 2-38　选择"我的二维码"选项　　图 2-39　点击"保存"按钮

抖音号二维码下载完成之后，运营者可以将其打印出来，通过发传单，或者将抖音号二维码放置在店铺显眼位置的方式，让消费者扫码加好友，并关注抖音号。

文案创作

第 3 章

标题文案：掌握万能的写作公式

作为文案的重要组成部分，标题是运营者需要重点关注的对象。撰写标题时，运营者需要掌握相关的写作公式，这样才能又好又快地撰写出令自己满意的标题。

3.1 标题写作：写出爆款标题技巧

很多用户在看新媒体文案时，首先注意到的就是标题，因此标题的好坏，将对文案的点击率、转发量等数据造成很大的影响。那么，如何进行标题写作呢？本节就为大家介绍相关的技巧，帮助大家更好地玩转文字，制作出爆款标题。

3.1.1 了解撰写的原则

评判一个文案标题的好坏，不仅要看它是否有吸引力，还需要参照其他一些原则，在遵守这些原则的基础上撰写的题目，能让你的内容更轻松地登上热门，这些原则具体如下。

1. 换位原则

运营者在制作视频标题时，要站在用户的角度去思考。也就是说，应该将自己当成用户，如果你想了解某个内容，你会通过什么搜索词来搜索这个内容，这样写出来的标题会更接近用户的心理感受。

因此，运营者在拟写标题前，可以先将有关的关键词输入浏览器中进行搜索，然后从排名靠前的结果中找出标题的规律，再将这些规律用于自己要撰写的标题中。

2. 组合原则

通过观察，可以发现能获得高流量的文案标题，都是拥有多个关键词并且进行组合之后的标题。这是因为，只有单个关键词的标题，它的排名影响力不如多个关键词的标题。

例如，如果仅在标题中嵌入"面膜"这一个关键词，那么用户在搜索时，只有搜索到"面膜"这个关键词，标题才会被搜索出来。而标题上如果含有"面膜""变美"和"年轻"等多个关键词，则用户在搜索其中任意一个关键词的时候，标题都会被搜索出来，这样标题"露脸"的机会也就更多了。

3. 新颖原则

新颖的标题往往更能吸引用户的目光。那么，运营者应该如何让文案标题变得更加新颖呢？笔者在这里介绍几种比较实用的标题形式。

- 标题写作尽量使用问句，这样能引起人们的好奇心，比如："谁来'拯救'缺失的牙齿？"这样的标题更容易吸引用户。
- 标题创作时要尽量写得详细，这样才更具吸引力。
- 要尽量将利益写出来，无论是用户查看文案后所带来的利益，还是这篇文案中涉及的商品或服务所带来的利益，都应该在标题中直接告诉用户，从而增加标题对用户的吸引力，如图 3-1 所示。

图 3-1　将利益标题化的案例

3.1.2　多用吸睛的词汇

标题是文案的"眼睛"，起着无法替代的作用。标题展示着一个文案的大意、主旨，甚至是对故事背景的诠释，所以一个文案点击率的高低，与标题有着不可分割的联系。

文案标题要想吸引用户，就必须有其点睛之处。给文案标题"点睛"是需要一定技巧的。在撰写标题的时候，运营者加入一些能够吸引用户眼球的词汇，比如"福利""秘诀""清仓"等。这些"点睛"词汇，能够让用户对文案内容产生好奇心。

3.1.3　突出文案的重点

一个标题的好坏直接决定了文案点击率的高低，所以在撰写标题时，一定要突出重点，标题字数不要太长，最好能够让人朗朗上口。这样才能让用户在短时间内，就能清楚地知道你想要表达的是什么，用户自然也就愿意阅读你的文案内容了。

在撰写标题的时候，要注意的一点是，标题用语应该简短一点，切忌撰写的标题成分过于复杂。标题越是简单明了，用户的视觉感受越舒适，阅读起来也更方便。

例如，使用数字型标题就能很好地突出文案内容的重点。数字型标题是指在标题中呈现出具体的数字，通过数字的形式来概括相关的主题内容。数字不同于一般的文字，它会带给用户比较深刻的印象，从而更好地吸引用户的好奇心。采用数字型标题有不少好处，如图 3-2 所示。

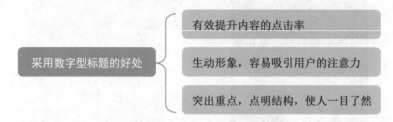

图 3-2　采用数字型标题的好处

值得注意的是，数字型标题也很容易打造，因为它是一种概括性的标题。图 3-3 所示为撰写数字型标题的技巧。

图 3-3　撰写数字型标题的技巧

此外，数字型标题还包括很多不同的类型，比如时间、年龄等，具体来说可以分为 3 种，如图 3-4 所示。

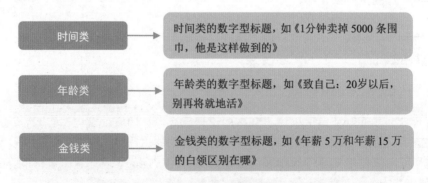

图 3-4　数字型标题的类型

数字型标题比较常见，它通常会采用悬殊对比、层层递进等方式呈现，目的是营造一个比较新奇的场景，对用户产生视觉上和心理上的冲击。

事实上，很多内容都可以通过具体的数字总结和表达，只要把想重点突出的内容提炼成数字即可。同时还要注意的是，在打造数字型标题的时候，最好使用阿拉伯数字，统一数字格式，且尽量把数字放在前面。

3.1.4　体现文案的主题

标题是视频的"窗户"，如果用户能从这扇窗户之中看到文案内容的一个大致提炼，就说明这一标题是合格的。换句话说，就是标题要体现出文案内容的主题。

虽然标题就是要起到吸引用户的作用，但是如果用户被某一标题吸引，查看文案之后却发现标题和内容主题联系得不紧密，或是完全没有联系，就会失去阅读兴趣，甚至会让用户产生被欺骗的感觉，从而拉低文案的点赞和转发量。

这也要求运营者在撰写标题的时候，一定注意所写的标题要与内容主题的联系紧密，切勿"挂羊头卖狗肉"，做"标题党"，而应尽可能地让标题与内容紧密关联。问题式标题正是如此。这种标题以提问的形式将问题提出来，用户可以从提出的问题中知道视频内容是什么，从而增强了用户的信任度。

下面来欣赏几则问题式标题案例。图 3-5 所示为视频号视频的疑问前置式标题。这类标题通常将疑问词放在最前面，从而引起用户的注意。当用户看见"为什么""如何""怎样"等词语时会产生疑问，从而引导用户点开视频寻求答案。

图 3-6 所示为快手视频疑问后置式标题，这一类标题喜欢将疑问放在标题末尾，以引起用户兴趣。人们往往对"秘诀""技巧""秘籍"等词汇有很大的兴趣，运营者在做视频标题时，可以添加这些标题，人们在面对这一类标题时，会抱着学习的心态去观看视频，也就提高了视频的点击率。

图 3-5　视频号视频的疑问前置式标题　　　图 3-6　快手视频疑问后置式标题

3.1.5 借助词根增加曝光

在前文介绍撰写标题应该遵守的原则时，曾提及写标题要遵循关键词组合的原则，这样才能凭借更多的关键词增加文案的"曝光率"，让自己的文案内容出现在更多用户面前。下面就向大家介绍如何在标题中运用关键词。

进行标题撰写的时候，运营者需要充分考虑怎样去吸引目标用户的关注。要想实现这一目标，就需要从关键词入手。而要在标题中运用关键词，就需要考虑关键词是否含有词根。词根指的是词语的主要组成部分，只要有词根，我们就可以组成不同的词。运营者在标题中加入有词根的关键词，能将标题的搜索度提高。

例如，一个视频标题为"10分钟教你快速学会手机摄影"，那这个标题中"手机摄影"就是关键词，而"摄影"就是词根，根据词根我们可以搜出更多的与摄影相关的标题。

3.2 标题模板：10 种常见标题套路

在撰写文案之前，首先应该明确其主题内容，并以此拟定标题，从而使得标题与内容紧密相连。标题的撰写是有技巧的，运营者只要掌握了以下几个常见的标题写作套路，就能快速地制作出爆款标题。

3.2.1 福利式标题

福利式标题是指在文案标题中向用户传递一种"阅读这篇文案你就赚到了"的感觉，让用户自然而然地想要去阅读该文案。一般来说，福利式标题准确把握了用户的心理需求，让用户一看到"福利"的相关字眼就会忍不住点击阅读文案。

福利式标题的表达方法有两种，一种是比较直接的方式，另一种则是间接的表达方式，虽然方式不同，但是效果相差无几，具体如图 3-7 所示。

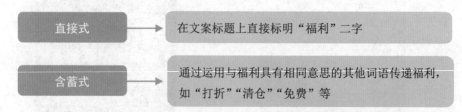

图 3-7　福利式标题的表达方法

值得注意的是，在撰写福利式标题的时候，无论是直接式还是含蓄式，都应该掌握 3 点技巧，如图 3-8 所示。

由于福利式标题有两种不同的表达方式，因此也有两种不同的案例，不同的标题案例有不同的特色，这两种不同的福利式标题的经典案例如图 3-9、图 3-10

所示。

图 3-8 福利式标题的撰写技巧

图 3-9 直接福利式文案标题　　图 3-10 间接福利式文案标题

这两种类型的福利式标题虽然稍有区别，但本质上都是通过"福利"来吸引用户的目光，从而提升文案的点击率。

专家提醒

福利式标题通常会给用户带来一种惊喜之感，试想，如果文案的标题中或明或暗地指出文中含有福利，你难道不会心动吗？福利式标题既可以吸引用户阅读文案，又可以为用户带来实际利益，可谓是一举两得。

3.2.2 趣味性标题

趣味性标题是指通过一些充满趣味的词语来点缀标题，从而使标题带给人一种轻松愉快的感觉。趣味性标题能够营造出愉悦的阅读氛围，所以即使文案传递的内容是商品宣传的广告，也不会让用户很反感。

一篇带有趣味性标题的文案往往容易博人眼球，但如何在标题中加入趣味性的元素也是一个不小的难题。趣味的标准是什么？如何体现趣味？笔者将其技巧总结为 3 点，如图 3-11 所示。

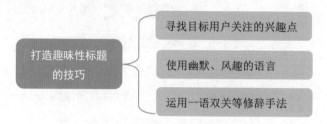

图 3-11　打造趣味性标题的技巧

趣味性标题能够在短时间内锁定用户的目光，标题中带有趣味性的字眼更容易引起注意。图 3-12 所示为某微信公众号中的趣味性标题，标题中的"五福"很快就能抓住部分用户的目光。

图 3-12　某微信公众号中的趣味性标题

专家提醒

　　趣味性标题既可以有效地吸引用户的目光，又可以让用户产生愉悦的阅读感受，从而进一步扩大文案的传播范围。

3.2.3　速成型标题

速成型标题是指向用户传递一种只要阅读了文案之后，就可以掌握某些技巧或者知识的信心。速成，顾名思义，就是能够马上学会、做到。

这种类型的标题之所以能够引起用户的注意，是因为它抓住了人们想要从文案中获取实际利益的心理。大多数用户是带着一定的目的阅读文案的，要么是希望文案中含有福利，比如优惠、折扣；要么是希望能够从文案中学到一些有用的知识。因此，速成型标题的魅力是不可阻挡的。

在打造速成型标题的过程中，往往会碰到这样一些问题，比如"什么样的技巧才算速成？""速成型标题应该具备哪些要素？"那么，速成型标题到底应该如何撰写呢？常见的技巧有 3 个，如图 3-13 所示。

图 3-13　撰写速成型标题的技巧

速成型标题通常会出现在技术类的文案中，主要是为用户提供实际好用的知识和技巧。图 3-14 所示为速成型标题的典型案例，该标题给人一种阅读文章之后就能够轻松学会尤克里里的感觉。

图 3-14　速成型标题的典型案例

用户在看见这种速成型标题的时候，就会更有动力去阅读文案里面的内容，因为这种类型的标题会给人一种学习这个技能很简单，不用花费过多时间和精力的感觉。因此，大多数用户会选择相信这个标题，进而阅读文案内容。

专家提醒

　　值得注意的是，在撰写速成型标题时，最好不要提供虚假的信息，比如"2分钟一定能够学会这样××""三大秘诀包你××"等。速成型标题虽然需要夸张，但要把握好度，要有底线和原则。

3.2.4　悬念式标题

　　好奇是人的天性，悬念式标题就是利用人的好奇心，先吸引用户的注意力，再提升用户的阅读兴趣。标题中的悬念是一个诱饵，它会引导用户阅读文案内容，因为通常用户看到标题里有没被解答的疑问和悬念，就会忍不住进一步弄清楚到底是怎么回事。这就是悬念式标题的套路。

　　悬念式标题的文案在人们的日常生活中运用得非常广泛，也非常受欢迎。人们在看综艺节目的时候经常看到一些节目预告之类的视频，这些视频就会采取这种悬念式标题引起观众的兴趣。利用悬念撰写标题的方法通常有4种，如图3-15所示。

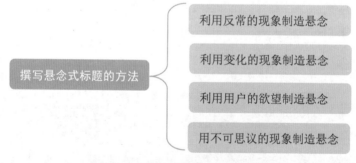

图 3-15　撰写悬念式标题的方法

　　撰写悬念式标题的主要目的是增加文案内容的可读性，运营者需要注意的一点是，使用这种类型的标题，一定要确保文案里面的内容确实是充满悬念，能够让用户感到惊奇的，否则会引起用户的失望与不满，继而让用户对账号内容产生质疑，降低运营者在用户心中的可信度。

　　悬念式标题是运用得比较频繁的一种标题形式，很多文案都会采用这一标题形式来引起用户的注意力，从而达到较为理想的营销效果和传播效果。图3-16所示为悬念式标题的典型案例。

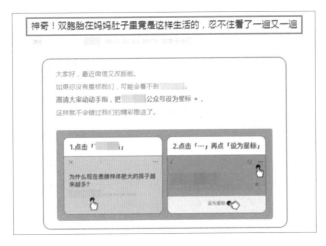

图 3-16 悬念式标题的典型案例

专家提醒

文案的悬念式标题仅仅是为了悬疑，这样一般只能够博取受众大概 1 ～ 3 次的注意力，很难保留长时间的效果。如果内容太无趣、无法达到文案引流的目的，那就是一篇失败的文案，会导致文案营销的活动也随之泡汤。

因此，运营者在设置悬念式标题的时候，要非常慎重，最好是有较强的逻辑性，切忌为了标题的标新立异，而忽略了文案营销的目的和文案本身的质量。

3.2.5 警告式标题

警告式标题常常通过发人深省的内容和严肃深沉的语调给用户以强烈的心理暗示，从而给用户留下深刻印象。尤其是警告式的新闻标题，常常被很多微信公众号、App 文案撰写者所追捧和模仿。

警告式标题是一种有力量且严肃的标题，也就是通过标题给人以警醒作用，从而引起用户的高度注意。它通常会将警告事物的主要特征、重要功能或核心作用的相关内容移植到平台文案标题中。

那么，警告式标题应该如何构思打造呢？很多人只知道警告式标题能够产生比较显著的影响，容易吸人眼球，但具体如何撰写却是一头雾水。下面我们就来分享撰写警告式标题的技巧，如图 3-17 所示。

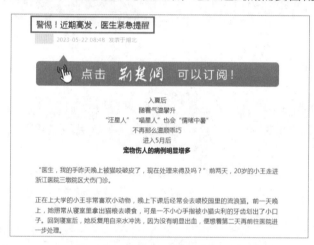

图 3-17　撰写警告式标题的技巧

警告式标题可以应用的场景很多，无论是技巧类的微信公众号文案，还是供大众娱乐消遣的娱乐新闻，都可以用到这一类型的标题形式。图 3-18 所示为警告式标题的典型案例，标题中的"警惕"是关键词，带有警告意味，让用户一眼锁定，进而产生紧迫感，从而选择阅读文案，想知道到底需要警惕什么。

图 3-18　警告式标题的典型案例

专家提醒

运营者在运用警告式标题时，需要注意运用的文案是否恰当，因为并不是每一篇文案都可以使用这种类型的标题。

这种标题形式运用得恰当，能够加分，并起到其他标题无法替代的作用；运用不当的话，很容易让用户产生反感情绪或引起一些不必要的麻烦。因此，运营者在使用警告式新闻标题的时候要谨慎小心，注意用词恰当与否，绝对不能草率行文，不顾文案内容胡乱拟标题。

选用警告式标题这一标题形式，主要是为了提升用户的关注度，大范围地传播文案内容。因为警告的方式往往更加醒目，更容易触及用户的利益，这样即便他们本来不想阅读，也会点击进去阅读。

3.2.6　专业性标题

专业性标题是指在标题中嵌入某个方面的专业性词语，让文案看起来更加专业，从而更好地传递专业价值。

专业性标题能够吸引那些与专业名词相关的用户，从而达到精准吸粉的目的。这样得来的粉丝群能够给账号带来更大的价值，而且这种粉丝的追随度会比其他的粉丝更高。那么，我们具体应该怎么打造专业性标题呢？图 3-19 所示为打造专业性标题的 3 个技巧。

图 3-19　打造专业性标题的技巧

一般来说，专业性标题不怎么显眼，而且营销的意味也不浓厚，更偏向于中规中矩。图 3-20 所示为专业性标题的典型案例，标题中的"运镜"便属于专业的摄影词汇。

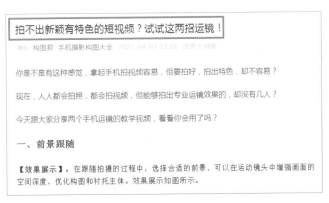

图 3-20　专业性标题的典型案例

值得注意的是，专业性标题相对于其他类型的标题来说，其关注度会偏低一点。它的专业性使得其受众范围变小了，但是对运营者来说并不是一件坏事。宁缺毋滥，就是对这种情况最好的解释。

3.2.7 急迫体标题

很多人或多或少会有一点拖延症，总是需要在他人的催促下才愿意动手做一件事。富有急迫感的文案标题就有一种类似于催促用户赶快阅读的意思在里面，它能够给用户传递一种紧迫感，从而让用户加快阅读文案的速度。

运营者使用急迫体撰写文案标题时，往往会让用户产生迫不及待、现在就想看的感觉，从而立刻阅读，并快速转发、传播文案的内容。那么，这类标题具体应该如何打造呢？主要有 3 个技巧，如图 3-21 所示。

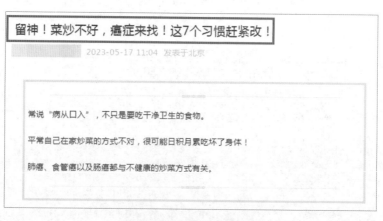

图 3-21　打造急迫体标题的技巧

急迫体标题是促使用户行动起来的最佳手段，也是切合用户利益的一种标题打造方式。图 3-22 所示为急迫体标题的典型案例，看到标题中的"赶紧改"之后，用户会越发想要了解具体的内容细节。

图 3-22　急迫体标题案例

3.2.8 借势型标题

借势是一种常用的文案写作手法，借势不仅完全是免费的，而且效果还很可观。借势型标题是指在文案标题上借助社会上一些时事热点、新闻的相关词汇来给文案造势，从而增加点击量。

借势一般是借助最新的热门事件吸引用户的目光。一般来说，时事热点拥有一大批关注者，而且传播的范围也非常广，新媒体文案的标题借助这些热点就可以让用户轻易地搜索到该文案，从而吸引用户去阅读文案里的内容。

那么，在撰写借势型标题的时候，应该掌握哪些技巧呢？下面就来介绍 3 种常见的技巧，如图 3-23 所示。

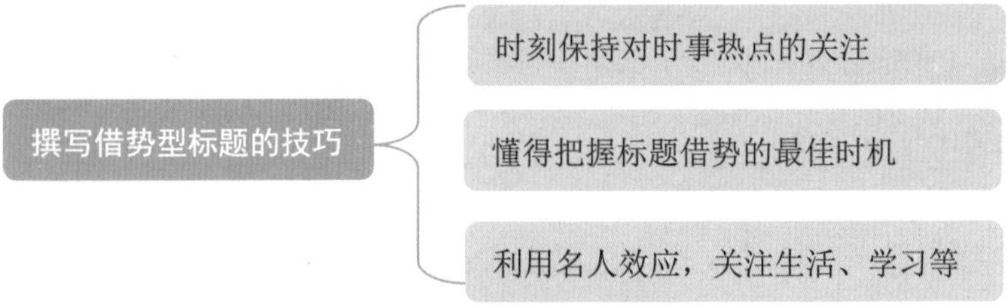

撰写借势型标题的技巧
- 时刻保持对时事热点的关注
- 懂得把握标题借势的最佳时机
- 利用名人效应，关注生活、学习等

图 3-23　撰写借势型标题的技巧

活动热点、热门的音乐和影视剧等都可以成为借势型标题的依托。例如 2023 年 4 月至 5 月热播的《漫长的季节》成功地吸引了广大观众的注意力，于是某微信公众号便打造了相关的文案，并在文案标题中加上该电视剧的名称，借势获得了大量的点击，如图 3-24 所示。

图 3-24　借势型标题的典型案例

专家提醒

　　在打造借势型标题的时候，要注意两个问题：一是带有负面影响的热点不要蹭，大方向要积极向上、充满正能量，带给用户正确的思想引导；二是最好在借势型标题中加入自己的想法和创意，然后将发布的文案内容与之相结合，做到借势和创意的完美结合。

3.2.9　独家型标题

　　独家型标题，也就是从标题上体现运营者所提供的信息是特有的珍贵资源，让用户觉得该文案内容值得点击和转发。从用户的心理角度而言，独家型标题所代表的文案内容一般会给人一种自己先人一步的感觉，因而在心理上更容易获得满足。

　　在这种情况下，想要炫耀的心理就会驱使用户自然而然地去转发文案内容，成为文案潜在的传播源和发散地。

　　独家型标题会给用户带来一种独一无二的荣誉感，同时还会使得文案内容更加具有吸引力。那么，在撰写这种标题时，我们应该怎么做呢？是直接点明"独家资源，走过路过不要错过"，还是运用其他的方法来暗示用户，这篇文案的内容是与众不同的呢？

　　下面就来为大家提供 3 点技巧，帮助大家成功撰写出吸睛的独家型标题，如图 3-25 所示。

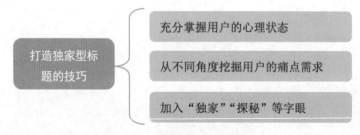

图 3-25　打造独家型标题的技巧

　　使用独家型标题的好处在于可以吸引到更多用户，让用户觉得文案内容比较珍贵，从而帮你主动宣传和推广文案，让文案内容得到广泛的传播。图 3-26 所示为独家型标题的典型案例。

　　独家型标题往往也暗示着文案内容的珍贵性，因此运营者需要注意，如果标题采用的是带有独家性质的形式，就必须保证内容也是独一无二的，要将独家性标题与独家性内容相结合。

图 3-26 独家型标题的案例

3.2.10 励志型标题

励志型标题最显著的特点就是"现身说法",一般是通过第一人称的方式讲故事,故事的内容包罗万象,但总的来说离不开成功的方法、教训,以及经验等。

如今很多人都想获得成功,却苦于找不到方法,如果这个时候给他们看励志型内容,让他们知道别人是怎样打破枷锁,走上人生巅峰的,他们就很有可能对带有这类标题的内容感到好奇。因此,这样的标题结构看起来具有独特的吸引力。励志型标题模板主要有两种,如图 3-27 所示。

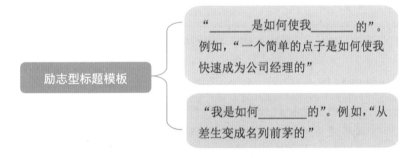

图 3-27 励志型标题的两种模板

励志型标题的好处在于渲染性强,容易制造一种鼓舞人心的感觉,从而勾起用户的欲望,提高文案内容的点击率。

那么,打造励志型标题是不是单单依靠模板就好了呢? 答案是否定的,模板固然可以借鉴,但在实际操作中,还是要根据内容的不同来研究特定的励志型标题。总体来说，有 3 种经验技巧可供借鉴，如图 3-28 所示。

```
                    ┌─ 改编励志的名人名言作为标题
打造励志型标题       │
可借鉴的经验技巧 ────┼─ 挑选富有鼓动性、情感浓厚的词语
                    │
                    └─ 根据不同的情境打造不同特色的标题
```

图 3-28　打造励志型标题可借鉴的经验技巧

一个成功的励志型标题不仅能够带动用户的情绪，而且能促使用户对文案内容产生极大的兴趣。图 3-29 所示为励志型标题的典型案例，可以看到该标题便带有较强的励志性。

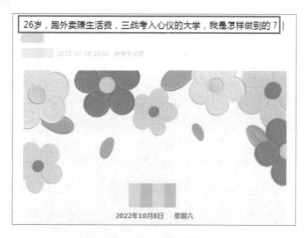

图 3-29　励志型标题的案例

专家提醒

励志型标题一方面是利用用户想要获得成功的心理，另一方面则是巧妙地掌握了情感共鸣的精髓，通过带有励志色彩的字眼来引起用户的情感共鸣，从而成功地吸引用户点击阅读。

3.3　标题优化：打造爆款标题的方法

想要将标题优化，就要掌握爆款标题的打造方法。本节将从爆款文案标题的特点出发，重点介绍 6 种方法，帮助运营者更好地打造爆款文案标题。

3.3.1　控制字数

部分运营者为了在标题中将文案的内容讲清楚，会把标题写得很长。那么，是不是标题越长就越好呢？答案是否定的，在撰写文案标题时，应该将字数控制在一定范围内。

在智能手机品类众多的情况下，不同的型号的手机其一行显示的字数也是不一样的。一些图文信息在自己的手机里看着是一行，但在其他型号的手机里可能就是两行了，在这种情况下，标题中的有些关键信息就有可能会被隐藏起来，从而不利于用户了解标题中描述的重点和对象。

图 3-30 所示为部分短视频平台的相关界面，从中可以看到，界面中部分标题因为字数太多，无法完全显示出来，所以标题的后方显示了"展开"这两个字。用户看到这些标题后，就很难把握短视频的主要内容。而这样一来，短视频标题就失去了其应有的作用。

图 3-30　部分短视频平台的相关界面

因此，运营者撰写标题时，在重点内容和关键词的选择上要有所取舍，把主要内容呈现出来即可。标题本身就是文案内容精华的提炼，字数过长会显得不够精练，同时也会让用户丧失查看短视频内容的兴趣，因此将标题字数控制在适当的长度才是最好的。

当然，有时候运营者也可以借助标题中的"展开"来勾起用户的好奇心，让用户想要了解那些没有写出来的内容是什么。不过这就需要运营者在撰写标题的时候把握好这个引人好奇的关键点了。

3.3.2　用语简短

撰写的标题应该尽量简短，俗话说"浓缩的就是精华"，短句子本身不仅生动简单又内涵丰富，而且越是短句子，就越容易被人接受和记住。

运营者撰写文案标题的目的就是要让用户更快地注意到标题，并被标题吸引，进而点击查看文案内容，增加文案的点击量。这就要求运营者在撰写标题时，用最短的时间内吸引用户的注意力。

如果标题过于冗长，就会让用户失去耐心。这样一来，标题将难以取得很好的效果。通常来说，撰写简短标题需要把握好两点，即用词精练、用句简短。

运营者在撰写标题时，要注意标题用语的简短，切忌标题成分过于复杂。用户在看到简短的标题的时候，会有一个比较舒适的视觉感受，阅读标题内容也更方便。

简短的标题因其本身简洁的形式和清晰的成分，能让用户在阅读时很放松，不会产生疲劳的感受。因此，运营者在撰写短视频标题时，要注意句子结构的精练和简单化，以此来提高标题的曝光率。

3.3.3　表达通俗

文案的受众比较广泛，这其中便包含了一些文化水平不是很高的人。因此，在语言上要尽量做到形象化和通俗化。从通俗化的角度而言，就是尽量拒绝华丽的辞藻和不实的描述，照顾到绝大多数用户的语言理解能力，利用通俗易懂的语言来撰写标题。否则，文案就无法达到带动商品销售的目的，让文案获得相应的商业价值。

为了实现短视频标题的通俗化，运营者可以重点从 3 个方面着手，即长话短说、避免华丽辞藻的修饰和添加生活化的元素。

其中，添加生活化的元素是一种使标题通俗化的常用方法，也是一种行之有效的营销宣传方法。利用这种方法，可以把专业性的、不易理解的词汇和道理通过生活元素形象、通俗地表达出来。在标题中运用通俗化的语言陈述商品的作用和功能，更容易带动消费，如图 3-31 所示。

除了某领域内部人员之外，其他用户对于该领域的了解或熟悉程度是远远不够的，如果毫无经验或是经验不足的用户想要学习某领域的专业知识，那么专业性过强或者太过复杂的标题，他们可能很难学会和理解。而当用户看不懂或不理解标题内容时，很可能会选择忽略掉。这样一来，内容的点击量等数据就难以得到保障了。

这就要求运营者在撰写标题时，要尽量化繁为简，让用户看到标题后能更好地学习或了解相关内容，从而接受运营者的观点或做法。

图 3-31　运用通俗化语言的文案标题案例

3.3.4　形式新颖

在文案的写作中，标题的形式千千万万，运营者不能只拘泥于几种常见的形式。那么怎样的标题才能够引起用户的注意呢？以下是一些既实用又能吸引用户关注的方法。

（1）文案标题使用问句，能在很大程度上激发用户的兴趣和参与度，比如，"你知道一个漫画家每天都在做什么吗？""早餐、午餐、晚餐的比例到底怎样搭配才更加合理？"等，这些标题对于那些急需解决这方面问题的用户来说是十分具有吸引力的。

（2）文案标题中的元素，越详细越好，越详细的信息对于那些需求紧迫的用户来说，就越具有吸引力。比如上面所说的"早餐、午餐、晚餐的比例到底怎样搭配才更加合理？"如果笼统地写成"每餐吃些什么？"，那么文案标题的针对性和可信度就会大打折扣。

（3）要在文案标题中，将能带给用户的利益明确地展示出来。用户只有在看到有利于自身的内容时，才会去注意和查阅。所以，运营者在撰写文案标题时，要突出带给用户的利益，才能吸引其目光，让用户对文案内容产生兴趣，进而点击查看文案内容。

图 3-32 所示的短视频标题中表示可以将弹窗广告永久关闭，所以深受弹窗广告困扰的用户看到该标题之后，就会忍不住想要查看短视频的具体内容。这便属于将能带给用户的利益明确展示出来，从而吸引用户的注意力。

图 3-32 将能带给用户的利益明确展示出来

在撰写文案标题的过程中，运营者要多用一些新颖的标题形式，这样更能吸引用户的注意力。千篇一律的标题，用户看多了也会产生审美疲劳，而适当的创新则能让他们的感受大有不同。

3.3.5 展示亮点

销售类文案发布的目的就在于吸引受众的注意力，最终促进商品的销售。针对这一目的，在标题的撰写过程中，应该注意将商品的主要亮点展示出来，这样可以让用户在看到标题的时候就能够感受到文案中所提及的商品具有怎样的特点、是否符合用户的需要、是否能满足他们的心理需求。

凸显文案标题的特征可从多个角度来考虑，其中，最能打动用户的一般是表现出新动态的商品特征。这是因为，人们都有一种追求新奇的心理需求，因而在文案标题中添加"开始""创新""终于"等词汇，往往更能吸引用户的目光，让文案内容获得更多的点击量，如图 3-33 所示。

3.3.6 体现实用性

在新媒体运营过程中，其文案内容撰写的目的是告诉用户通过了解文案内容，能获得哪些方面的实用性知识或能得到哪些具有价值的启示。因此，为了提升文案内容的点击量，运营者在进行标题设置时应该对其实用性进行展示，以期最大程度地吸引用户的目光。

比如，与养生有关的短视频账号，都会在文案当中介绍一些养生的方法，并在文案标题中将其展示出来，用户看到这一文案之后，就会点击查看标题所介绍的有关于养生的详细方法。

图 3-33 添加关键词汇吸引用户的目光

像这一类具有实用性的短视频标题，运营者在撰写标题时就对短视频内容的实用性和针对对象做了说明，为那些对相关方面知识有需求的用户提供了实用的解决方案。

可见，展现实用性的文案标题，一般出现在专业的或与生活常识相关的新媒体平台上。除了上面所说的有关于养身的文案标题之中展现其实用性以外，其他专业化的短视频平台或账号的标题撰写当中也是非常常见的。

比如，一些分享摄影技术或者是摄影器械的短视频，就会在标题当中，将其实用性展示出来，让用户能够快速地了解这篇文案的主旨是什么。

图 3-34 所示为两个体现实用性的标题案例。在这两个短视频标题中，明确地表示短视频中包含了用户可能用得上的生活小妙招和实用小物件。因此，用户看到这两个标题之后就会觉得短视频中的内容可能对自己有用，这样一来，用户自然会更愿意查看短视频内容了。

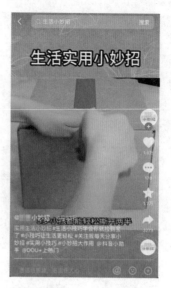

图 3-34　体现实用性的标题案例

第 4 章

文案撰写：打造吸睛的优质内容

在新媒体运营中，文案对于自媒体的宣传、商品的销售与品牌的推广都起着决定性作用。本章主要针对新媒体文案撰写进行分析，帮助运营者打造优质的吸睛内容。

4.1 确定主题：掌握文案选题思路

写一篇文案不容易，写一篇爆款文案更是难上加难。如果有无限的才华，但没有好的文案选题策略，是无法成功打造出点赞 10W+ 的文案的，只有掌握了选题方法，才能为文案锦上添花，快速打造爆款内容。

4.1.1 九宫格选题法

对于运营者来说，在为文案选择一个恰当的主题时，要先对目标用户进行画像分析，抓住用户"痛点"，通过深入分析商品优势与用户需求之后，再确定要写的文案主题。而九宫格选题法就是先将目标群体分类，运用某一标准，通过发散思维抓住用户的各种需求，再对商品特点进行总结概括，最后两两配对，从中挖掘用户"痛点"，确定文案选题。

在进行九宫格选题之前，运营者首先需要了解它的基本概况，主要包括怎么抓住痛点、如何进行用户和商品分类这两方面的内容，下面对其进行详细介绍。

1. 怎么抓住"痛点"

"痛点"就是用户对某一商品或者服务不满意的情况，以及在面对这种不满意的情况时产生的心理落差。运营者可以通过抓住用户这一心理落差，推出某件商品或者某项服务，让用户产生一种"不买血亏""错过这个村就没这个店""不买一定会后悔"的心理，从而刺激消费，产生购买行为。

将其运用到新媒体运营领域，抓住"痛点"就是为了达到运营目的而进行的对用户心理的把控。具体来说，抓住"痛点"一来可以提高用户的阅读体验，二来可以让运营者在激烈的新媒体平台竞争中脱颖而出。那么，如何抓住痛点呢？常见的方法如图 4-1 所示。

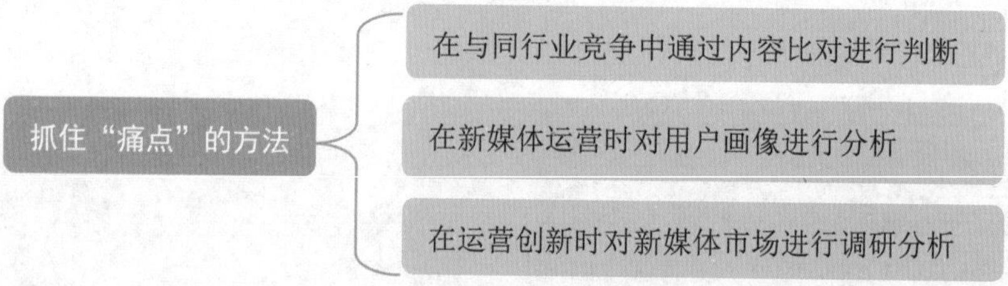

抓住"痛点"的方法

在与同行业竞争中通过内容比对进行判断

在新媒体运营时对用户画像进行分析

在运营创新时对新媒体市场进行调研分析

图 4-1 抓住"痛点"的方法

2. 如何进行用户和商品分类

这里的用户分类严格来讲是用户分层，即深入了解用户，根据不同层次的需求对用户进行分类，为不同层次的用户提供不同的商品和服务。用户分类的方法有很多，可以通过对用户需求、地区等方面的区分进行用户分类。而商品分类又是基于用户分类而言的。

那么，该如何运用九宫格选题法对目标用户及其需求进行分类呢？下面以服装商类品为例，对目标用户需求进行分类，如图4-2所示。

质量保证	时尚美观	凸显身材
特色款式	穿着得体	价格低廉
搭配简单	流行趋势	材质做工

图4-2　服装类商品的用户需求分类

九宫格填不满没关系，只要发散思维，尽可能多地列出用户需求即可。而商品分类则是尽可能多地列出该商品的优势与特点，下面依然是以服装类商品为例，对其进行分类，如图4-3所示。

选材优良	全国连锁	网红带货
免配送费	明星代言	独家设计
全球限量	无理由退换	价格优惠

图4-3　服装类商品的优势与特点分类

通过图4-2和图4-3的两个九宫格，我们已经对服装商品的用户需求和商品的优势、特点进行了细致的分类，之后就可以抓住用户的"痛点"，对其两两配对，进行文案选题了。图 4-4 所示为对该服装商品的用户需求和商品优势、特点分类进行配对，打造的针对用户"痛点"的文案选题。

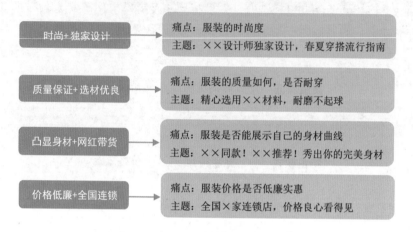

时尚+独家设计 → 痛点：服装的时尚度
主题：××设计师独家设计，春夏穿搭流行指南

质量保证+选材优良 → 痛点：服装的质量如何，是否耐穿
主题：精心选用××材料，耐磨不起球

凸显身材+网红带货 → 痛点：服装是否能展示自己的身材曲线
主题：××同款！××推荐！秀出你的完美身材

价格低廉+全国连锁 → 痛点：服装价格是否低廉实惠
主题：全国×家连锁店，价格良心看得见

图 4-4　九宫格选题法的案例

再举一个例子，例如微信公众号"手机摄影构图大全"发布了一篇介绍照片鉴赏的文案，引发了不少网友的点赞留言，他们纷纷在评论区留下了自己的见解，如图 4-5 所示。

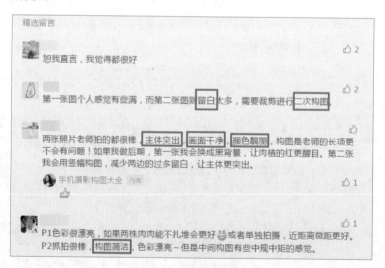

图 4-5　网友的留言

根据这些网友的留言，我们依然可以运用九宫格选题法对用户的需求进行分类，如图 4-6 所示。这样一来，运营者便可以轻松地抓住用户的"痛点"，打

造出合适的吸睛文案了。

留白适当	主体突出	画面干净
构图简洁	用户需求	颜色靓丽
背景虚化		

图 4-6　对网友需求进行分类

4.1.2　热点选题法

　　热点选题，就是"追热点"，也就是根据当前的社会热点事件、热点人物或者热点讨论话题进行文案策划选题。热点自带流量光环，只要抓好了社会热点，就能吸引更多用户的目光，从而使运营者获得比平时更高的阅读量。

　　只有在新媒体平台持续输出专业性强、可读性强的内容，才能吸引用户的长期关注。热点选题的方式完全遵循新媒体行业"快""准""狠"的原则，其对运营者看问题的深度、角度，以及文字表达能力提出了极高的要求，运营者需要有较高的专业素养才能完成一个好的热点选题。

　　热点本身就比较符合社会大众的阅读心理和习惯，因此容易获得更高的曝光率。当社会上出现某一大热点时，其相关新媒体文案往往能"刷爆"我们的朋友圈，用户出于社会认同感和从众心理，也会积极地对这些文案内容进行阅读、点赞、评论和转发。

　　这时候，如果运营者没有搭上社会热点这一"顺风车"，那么策划撰写的文案内容，往往会淹没在各平台海量的新媒体文案中。

　　社会热点可以简单地分为两类，一类是可预测型热点，另一类是突发型热点，具体如图 4-7 所示。

　　需要注意的是，一些经常被人提起的节日、会议、纪念日等容易成为热点，但很难变成爆款，一般需要运营者进行创新，打破常规，自己创造爆款，让自己发布的文章成为别人追逐的热点。

　　某账号在今日头条上发布的《五险一金：知道这 6 条才算懂》，是借助可预测型热点确定的选题。五险一金一直都是社会密切关注的话题，该账号发布与其相关的内容，实时跟进社会热点，立刻引起了广大网友的热烈讨论。

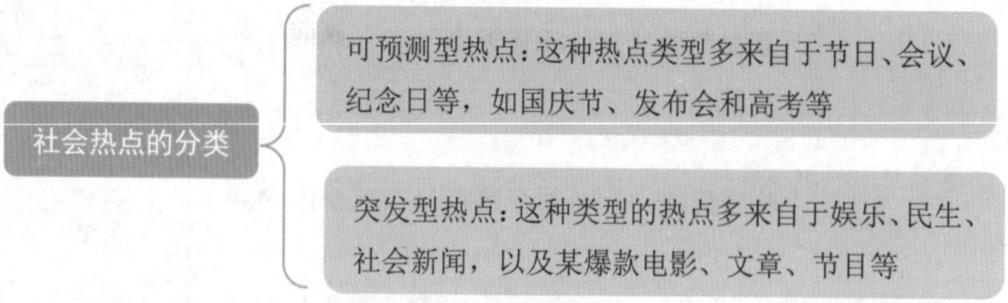

社会热点的分类
- 可预测型热点：这种热点类型多来自于节日、会议、纪念日等，如国庆节、发布会和高考等
- 突发型热点：这种类型的热点多来自于娱乐、民生、社会新闻，以及某爆款电影、文章、节目等

图 4-7　社会热点的分类

而突发型热点往往来自某一电影、电视剧、综艺节目或者某新闻的突然火爆，其要求运营者能快速地撰写相关文章，并对其发表独到的见解。相比可预测型热点，突发型热点会更难把握，对运营者的要求也更高。但是，高难度的同时，带来的却是更多的流量。

微信公众号上的某篇文章，是借助突发型热点确定的选题。这篇文章抓住了当前十分流行的一个短视频热点，蹭上"高粱饴"的热度，借助其能拉丝的特点，向用户推荐其他能"拉丝"的食物，获得了不少网友的点赞留言。

那么，对于运营者来说，要如何找到热点选题，写出爆款文案呢？主要有以下 4 个途径，如图 4-8 所示。

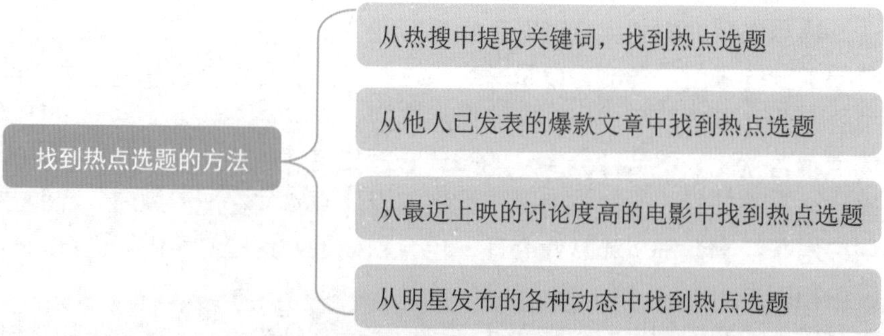

找到热点选题的方法
- 从热搜中提取关键词，找到热点选题
- 从他人已发表的爆款文章中找到热点选题
- 从最近上映的讨论度高的电影中找到热点选题
- 从明星发布的各种动态中找到热点选题

图 4-8　找到热点选题的方法

例如，微信公众号"手机摄影构图大全"发布了关于春日赏花如何构图拍照的微信公众号文章。这篇文章抓住了"春天踏青"和"手机摄影"这两个热点，文章一经发布，广受好评。

4.1.3　爆文策划法

每一个新媒体运营者，都希望自己能写出一篇火爆全网的文案，不管坐在屏幕后面的自己是什么样的状况，只要能够创作出爆款文案，那么便可以很轻松地俘获大批粉丝。

但是，随着互联网和移动互联网的快速发展，碎片化的阅读方式已经逐渐成为主流，大部分用户看到长篇大论的文案，或多或少都会产生相应的抵触心理。即使有的用户愿意阅读较长篇幅的文字，但也很难坚持看完。因此，创作出一篇爆款文案对于运营者来说，是一个巨大的挑战。

要想写出一篇爆款文案，必须先做好文案选题。那么，要如何选题才能写出爆款文案呢？下面就为运营者们提供5个选题方法，如图4-9所示。

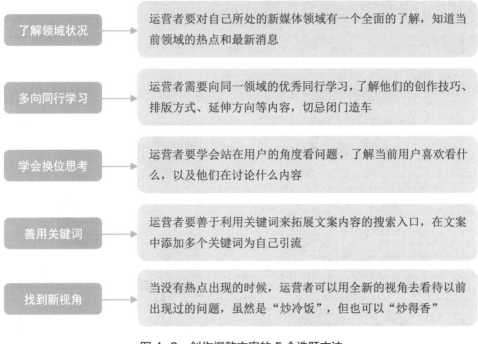

图4-9 创作爆款文案的5个选题方法

4.2 封面设计：第一眼就吸引住用户

封面对于一个文案来说是至关重要的，因为许多用户都会根据封面呈现的内容，决定要不要点击查看文案的具体内容。那么，如何进行封面设计，让用户看一眼之后就被吸引住呢？本节就来介绍相关的技巧。

4.2.1 通过修图制作封面

许多运营者在制作文案封面时，并非是直接从文案内容中选取封面。对于这一部分运营者来说，掌握修图的方法就显得非常关键了。

其实，许多 App 都可以帮助运营者更好地调整文案的封面图。以"美图秀秀"App 为例，其中包含的抠图、背景虚化和调色功能就能很好地帮助运营者制作文案的封面。

1. 抠图

当运营者需要将某个画面中的一部分，如画面中的人物，单独拿出来制作封面时，就可以借助"美图秀秀"App 的"抠图"功能，把需要的部分"抠"出来。除此之外，运营者还可以直接替换图片的背景，具体操作步骤如下。

步骤 01 打开"美图秀秀"App，点击默认界面中的"图片美化"按钮，如图 4-10 所示。

步骤 02 进入"最近项目"界面，选择需要进行抠图的照片，如图 4-11 所示。

图 4-10 点击"图片美化"按钮

图 4-11 选择需要抠图的照片

步骤 03 进入照片处理界面，点击"抠图"按钮，如图 4-12 所示。

步骤 04 在弹出的对话框中点击"背景替换"按钮，如图 4-13 所示。

步骤 05 执行操作后，会弹出背景替换的相关对话框，切换至该对话框的"图案"选项卡，❶选择合适的背景；❷点击 ✔ 按钮，如图 4-14 所示。

步骤 06 返回抠图的相关界面，点击 ✔ 按钮，保存抠图设置，如图 4-15 所示。

步骤 07 返回照片处理界面，点击"保存"按钮，保存完成抠图的图片，如图 4-16 所示。

图 4-12　点击"抠图"按钮

图 4-13　点击"背景替换"按钮

图 4-14　选择合适的背景　　图 4-15　保存抠图设置　　图 4-16　保存完成抠图的图片

　　图片保存好之后，便可以在手机相册中进行查看了。图 3-17 所示为抠图处理的前后对比。不难发现，将人物重点取出替换背景之后，图片能够呈现出与原片不同的风格。

图 4-17　抠图处理的前后对比

2．背景虚化

有时候，运营者在制作文案封面时，需要重点突出画面中的部分内容。此时，便可以借助"背景虚化"功能，通过虚化不重要的部分，来突出显示画面中的重要部分。在"美图秀秀"App 中，使用"背景虚化"功能的具体操作步骤如下。

步骤 01　打开"美图秀秀"App，选择需要进行背景虚化的照片。进入照片处理界面，点击"背景虚化"按钮，如图 4-18 所示。

步骤 02　进入背景虚化处理界面，在弹出的对话框中，❶选择合适的背景虚化模式；❷点击 ✔ 按钮，如图 4-19 所示，即可完成背景虚化操作。

图 4-18　点击"背景虚化"按钮　　　　图 4-19　选择合适的背景虚化模式

图 3-20 所示为背景虚化处理的前后对比。不难发现，图片经过背景虚化之

后，画面中的重点部分，即人物的身体，更容易成为视觉的焦点。

图 4-20　背景虚化处理的前后对比

3. 调色

部分图片在拍摄时由于亮度不足，导致拍完之后效果欠佳。遇到这种情况时，运营者可以借助"美图秀秀"App 的"调色"功能，让图片"亮"起来，具体操作步骤如下。

步骤 01　打开"美图秀秀"App，选择需要进行调色处理的照片。进入照片处理界面，点击下方的"调色"按钮，如图 4-21 所示。

步骤 02　进入"调色"处理界面，在弹出的对话框中，❶调节智能补光、亮度和对比度等参数；❷点击☑按钮，如图 4-22 所示，即可完成调色操作。

图 4-21　点击"调色"按钮　　　**图 4-22　调节相应参数**

图 4-23 所示为调色处理的前后对比。可以看到，经过调色处理之后，图片变得更明亮了，而且"颜值"也得到了提高。

图 4-23　调色处理的前后对比

4.2.2　使用模板制作封面

如果运营者想要快速地制作出高大上的文案封面，那么制作一个固定的封面图模板不失为一种有效的手段。因为固定的封面图模板制作完成之后，运营者只需要对具体内容进行替换，便能快速制作出新的文案封面。

当然，要想利用固定模板快速地制作高大上的文案封面，还有一个重要的前提，那就是制作的固定封面图模板必须也是高大上的。因此，在制作文案固定封面图模板时，运营者一定要多花一些心力。

通常来说，固定封面图模板比较适合视频发布频率比较高，或者运营时间有限的运营者使用。因为固定模板制作完成后，就能快速制作出具体的文案封面，这可以为运营者节省大量的时间。

4.2.3　掌握封面设置技巧

对于运营者来说，文案封面是影响用户点击视频的关键因素。以抖音短视频为例，封面通常使用博主人像图或商品图，同时必须是清晰干净且没有诱导信息的大图。封面的相关设置技巧如图 4-24 所示。

4.2.4　形成独特的风格

一些运营者在经过了一段时间的运营之后，在文案封面的选择上可能已经形成了自身的风格特色，而用户也接受了这种风格特色，部分用户甚至还表现出对这种文案封面风格的喜爱。那么，运营者在选择封面时就可以延续自身的风格特色，也就是根据账号以往的风格特色来选择封面图片。

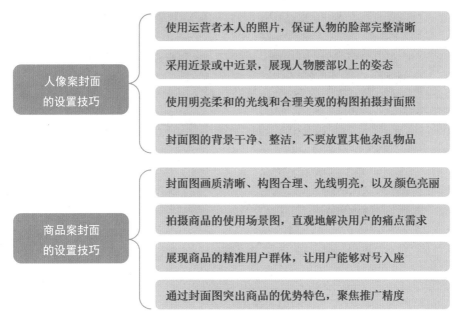

图 4-24　封面的设置技巧

例如，某抖音号的文案封面就设置成了运营者的个人形象照和视频主题文字，用户看到封面就能知道这个视频教的是什么销售技巧，这种照片＋文字的封面组合也成了该运营者的一个标志。

4.2.5　匹配文案的内容

在选择文案封面时，一定要考虑封面图片与内容的关联性。如果文案封面与内容的关联性太弱，就有"标题党"的嫌疑，用户看完文案之后，会生出不满情绪，甚至会产生厌恶感。

其实，根据与内容的关联性选择文案封面的方法很简单，运营者只需要根据文案的主要内容选择能够代表主题的文字和画面即可。

图 4-25 所示为某水果店视频号主页的封面图，这个视频号在根据与内容的关联性选择封面方面就做得很好，因为它直接呈现的是各式各样的水果，颜色绚丽多彩，正好照应了文案中的内容。这样一来，视频号用户看到封面之后就会对这个视频要展示的内容有了清晰准确的了解，从而可以根据自己的需求进行选择。

图4-25　某水果店视频号主页的封面图

4.2.6　遵守平台的规则

许多视频平台都有自己的规则，所有的运营者都要遵守规则。对于运营者来说，要想更好地运营视频账号，就应该遵循平台的规则。

通常来说，各视频平台中会通过规则的制定，对运营者在平台上的各种行为进行规范。运营者可以从规则中找出与文案封面相关的内容，并在选择文案封面时将相关规则作为重要的参考依据。

例如，抖音平台就制定了《抖音社区自律公约》。该公约包含的内容比较丰富，主要介绍了在抖音平台禁止的行为、倡导的行为，以及抖音社区管理方式等。运营者在制作文案封面时，可以重点参考该公约中表明在抖音中不能制作、复制、发布和传播的相关内容。

4.3　内容打磨：文案的多种写作技巧

在互联网时代，小成本制作的视频也能大放异彩，而它们成功的主要原因之一就在于文案创作的优秀。要想通过文案产生逆袭大品牌的效果，首先需要掌握的就是文案本身的内容打磨。本节将为运营者讲解文案写作的常见技巧，帮助运营者更好地打造出爆款文案内容。

4.3.1　点出核心用户

点出核心用户，顾名思义，就是指在文案里直接说明这个文案的目标用户是谁。比说，美妆类文案中可以说："要买口红的姐妹看过来！"。撰写这一类文案时有 4 个注意点，如图 4-26 所示。

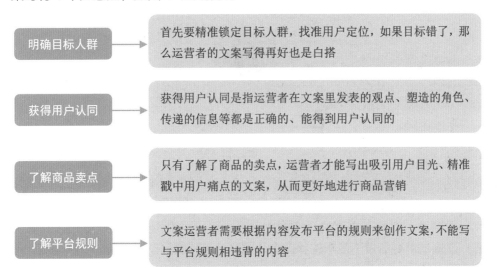

明确目标人群 → 首先要精准锁定目标人群，找准用户定位，如果目标错了，那么运营者的文案写得再好也是白搭

获得用户认同 → 获得用户认同是指运营者在文案里发表的观点、塑造的角色、传递的信息等都是正确的、能得到用户认同的

了解商品卖点 → 只有了解了商品的卖点，运营者才能写出吸引用户目光、精准戳中用户痛点的文案，从而更好地进行商品营销

了解平台规则 → 文案运营者需要根据内容发布平台的规则来创作文案，不能写与平台规则相违背的内容

图 4-26　撰写点出核心用户文案标题的 4 个注意点

总之，运营者撰写文案需要从目标人群、自身优势、商品卖点、平台规则这 4 个方面来考虑。就目前来看，常见的商品营销平台主要有抖音、快手、淘宝平台、微信公众号、小红书和 B 站等，运营者发布营销文案的时候，要注意根据各平台的风格对自己广告文案的语言风格及时进行调整。

一般来说，抖音比较年轻时尚化；快手更加通俗接地气；淘宝平台则更倾向于对商品内容的展示，用户也是真正有购买需求的用户；微信公众号的用户年龄涵盖范围广，商品的营销也主要是社群营销，面向亲朋好友；小红书女性用户较多，她们大多精致且感性；而 B 站则更加年轻，用户多是"学生党"。

图 4-27 所示的微信公众号文案中，无论是标题还是正文，都点出了核心用户：微胖女生。这样做能精准地吸引用户，从而提高文案的营销推广效果，并为用户转变为消费者做铺垫。

4.3.2　制造出稀缺性

中国有一句古话叫作"物以稀为贵"，意思就是越紧缺的资源价值越大。很多时候，某项资源比较丰富时，人们对它的需求量相对比较少；相反地，资源稀缺时人们会更想得到它。这些东西在资源供给方面有一定的限制，而正是这种限制，激发了人们想要购买的欲望。因为资源紧缺的东西永远不会失去它本身的价值。

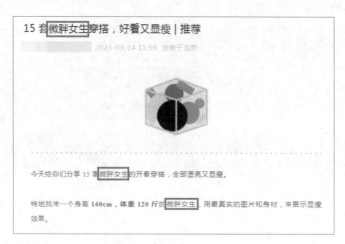

图4-27　在文案中多次点出核心用户

把这种心理用在文案的写作之中，一来可以促使用户第一时间阅读文案内容，二来制造商品供不应求的状态会让用户对这种商品充满好奇心，从而提升用户的购买欲望。

那么，在具体的撰写过程中，要如何制造出稀缺性呢？常用的方法有3种，如图4-28所示。

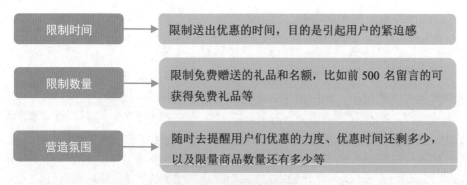

图4-28　制造稀缺性的方法

当然，需要注意的是，在撰写这种充满急迫感和紧张感的文案时，同样也要学着给用户提供相应的实际利益，满足其一定的需求，比如赠送礼物、发起抽奖等。运营者要注意的是，既然自己把福利活动写出来了，那么一定要进行兑现。

图4-29所示的文案中，就是通过限量提供优惠来制造稀缺性，从而达到吸引用户关注的目的。

图 4-29　通过限量提供优惠制造稀缺性

4.3.3　给出优惠低价

实惠才是硬道理，如果运营者的文案中强调，能用更少的钱买到更好的商品，那么一定能吸引到大量的用户。

运营者在撰写的文案中给出优惠的信息，是站在用户的角度，向他们传递商品的折扣信息，这样做能在短时间内快速卖出大量商品，实现量的转化。那么，运营者要怎么在文案中给出优惠低价呢？下面介绍常见的几个技巧。

1. 优惠的价格

用优惠的价格吸引用户，就是要让用户觉得运营者给出的价格是有折扣的，他们能从中占到便宜。在文案中提供优惠价格的方法有 3 种，如图 4-30 所示。

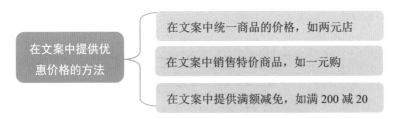

图 4-30　在文案中提供优惠价格的方法

2. 组合式销售

运营者可以在文案中表示，将同类型的商品组合售卖，让用户在组合购买商品的时候享受到商品优惠。撰写组合式销售文案的常用方法，如图 4-31 所示。

撰写组合式销售文案的常用方法

- 在文案中写明，搭配某件商品可以享受优惠
- 在文案中写明，加少量的钱即可再得一件商品
- 在文案中写明，第二件商品享受半价优惠

图4-31 撰写组合式销售文案的常用方法

3. 抽奖式销售

抽奖式销售，就是在文案中强调，只要用户购买商品，就可以获得相应的奖励。例如，可以在文案中为用户提供抽奖和优惠券。

- 抽奖是指让用户在直播间下单购买商品就可以进行抽奖。
- 优惠券是指运营者在直播间发放优惠券，优惠券的形式可以限量，也可以限时，以刺激用户购买。

4. 回馈类销售

回馈类销售就是给用户一些福利作为回馈，比如免费试用、返利、包邮、无理由退换、拼团折扣、关怀活动等。例如，某品牌为回馈用户便推出了关怀活动，同时借助文案进行了推广，如图4-32所示。

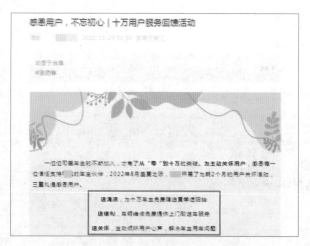

图4-32 某品牌推出的关怀活动

4.3.4 激发用户的好奇

一个好的文案要想吸引用户的注意，促使用户转变为消费者，就需采用新奇

的文案激发用户的好奇心理，让他们急切地想知道文案内容，从而将相关信息传达给潜在的消费者。

激发用户的好奇，就是指当用户看完这个文案之后，会产生一种想要详细了解内容的心理。如果文案不能激发用户的好奇心，那么不管写得多么天花乱坠，用户都不会愿意前去了解，文案也将毫无用处。

那么，运营者在进行文案撰写的时候，要怎么激发用户的好奇心呢？关键的一点就在于将商品的优点，变成用户的好奇心。

根据广告大师威廉·伯恩巴克（William Bernbach）的观点，激发用户的好奇心，就是要挖掘商品或内容的"戏剧性"，其要点如图 4-33 所示。

图 4-33　挖掘"戏剧性"的要点

在激发用户好奇心的时候，千万不能写"假大空"的内容，否则会引起用户的反感心理。运营者要写新鲜、独特、感人的内容，这样才能吸引用户的目光。

图 4-34 所示为某微信公众号发布的文案内容，看到该文案的标题后，用户会对文案中的猪崽产生好奇，想要知道这些猪崽到底有什么"不一般"。

图 4-34　激发用户好奇心的文案

4.3.5　引起用户的共鸣

什么是共鸣？共鸣就是用户在看到文案的时候，对其中表达的某一点特别感同身受，并为之动容。为了做到这一点，情景构建是一种不错的方法。

通过情景构建引发用户的共鸣就是运营者在撰写文案的过程中，通过对某一"相似情景"的构建，让用户回忆起曾经遇见过的相似场景，并从中感受到运营者传达出来的情感，从而创造出一种积极的情绪体验。

一般来说，在进行情景构建之前，运营者可以先挖掘用户的共鸣点，具体方法如图4-35所示。

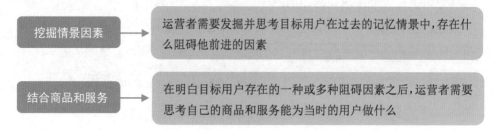

图4-35 挖掘用户共鸣点的方法

由上图可知，运营者在构建情景之前，需要去发掘用户记忆中的阻碍因素，然后为用户提供情感援助，这一流程中所有的落脚点都是目标用户。

那么，在了解目标用户存在的阻碍因素之后，运营者能为他们提供怎样的情感援助呢？一般来说，能提供的情感援助分为4种，如图4-36所示。

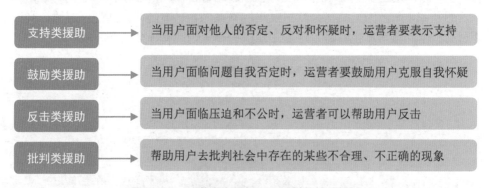

图4-36 运营者为目标用户提供的情感援助

运营者们需要注意的是，反击类援助和批判类援助其实都一样，都是运营者为用户去完成他们在过去的回忆情景中想做却不敢做的事，从而获得用户支持，引发用户强烈的共鸣。

图4-37所示的文案便为用户提供了鼓励类援助，有的用户因为不够自信，导致其陷入自我怀疑，该文案在引起用户共鸣的同时，对用户进行了鼓励，让用户点燃希望的火焰。

人生中，我们常常会经历挫折、困境和自我怀疑，面对这些时刻，我们需要内心的力量和勇气来重新点燃希望的火焰。

图 4-37　提供鼓励类援助的文案

4.3.6　将人设和商品做结合

不同的人有不同的性格，相对应的是，不同的运营者撰写出来的文案也有不同的风格。一般来说，文案都带有运营者的个人风格，从而能塑造一个面向用户的人设。那么，如何用文案将人设和商品结合起来呢？下面笔者将为大家详细介绍。

明确自身定位，是为自己打造人设的第一步。那么，运营者该如何明确自身的定位呢？常见的方法如图 4-38 所示。

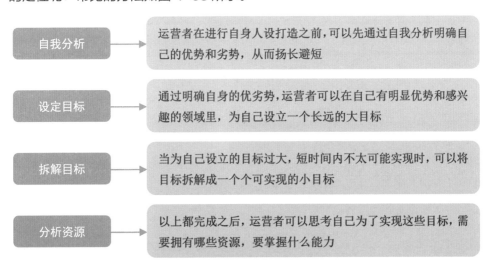

自我分析	运营者在进行自身人设打造之前，可以先通过自我分析明确自己的优势和劣势，从而扬长避短
设定目标	通过明确自身的优劣势，运营者可以在自己有明显优势和感兴趣的领域里，为自己设立一个长远的大目标
拆解目标	当为自己设立的目标过大，短时间内不太可能实现时，可以将目标拆解成一个个可实现的小目标
分析资源	以上都完成之后，运营者可以思考自己为了实现这些目标，需要拥有哪些资源，要掌握什么能力

图 4-38　明确自身定位的常见方法

人设打造只要把自己想要展示的形象呈现出来，然后在后续的行为中规范自己，不做有违人设的事情就可以长久地维持。

　　例如，某运营者发布了的文案中将自身的人设和商品做了一个结合，该文案中既体现出了运营者的专业摄影师人设，也对摄影类图书进行了推广，如图 4-39 所示。

> **教学视频+大字大图，中老年人也能轻松学剪映！**
>
> 构图君 手机摄影构图大全 2023-05-01 11:00 发表于湖南
>
> 如何老有所学，又老有所乐？
>
> 比如轻松掌握时下流行的短视频的拍摄与剪辑，
>
> 将平常拍的风景照、人像照，制作成视频到朋友圈。
>
> 今天，构图君给大家推荐一本专门为中老年人编写的零起点剪映教材
>
> 书中采用大字、大图，让您一看就会，并且赠送160多分钟的教学视频和110多素材文件，可以边学边做。
>
> 接下来，先为大家分享两个简单又实用的剪辑技巧，助您快速学会使用剪映。

图 4-39　将自身人设和商品结合起来的文案

第 5 章

文案排版：应用专业新媒体排版器

如果说文字是文案的实力担当，图片和视频是文案的颜值担当，那么排版就是文案的视觉担当。只有将排版做好，才能给用户带来良好的阅读体验，让他们成为你的忠实粉丝。本章将以微信公众号为例，介绍文案排版的相关知识。

5.1 排版技巧：提升版式视觉效果的技巧

如果说文案中的内容是让运营者与用户之间产生思想碰撞或共鸣的武器，那么运营者对文案的格式布局与排版就是给用户提供一种视觉上的享受。排版对一篇文案有很重要的作用，它决定了用户是否能够舒适地看完整篇文案，这种重要程度对微信公众平台这种以电子文档形式传播的内容来说更加明显。

因此，微信运营者在给用户提供好内容的同时也要注意文案的排版，要让用户拥有一种精神与视觉的双重体验。本节将为大家介绍一些提升排版视觉效果的小技巧，让微信公众平台运营者用这些小技巧给用户带来更好的阅读体验。

5.1.1 排版风格要选好

说到给微信公众平台上的文案内容排版，选择合适的排版风格是必不可少的，其意义表现两个方面，具体如图 5-1 所示。

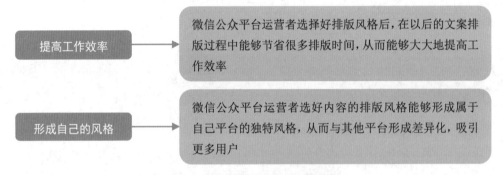

图 5-1 选好内容排版风格的意义

不同的公众号因其所要传递的内容不同，在内容的排版风格上也会有所差异。以微信公众平台"手机摄影构图大全"为例，因为其是教摄影构图技巧的，所以它的排版风格就是以图文结合的形式为主，但是属于这个平台自己特色的排版方式是，文案排版者会在放图片的时候，先放一张图片拍摄成品图，然后再放一张技巧讲解图。

5.1.2 色彩搭配要适宜

运营者在进行文案内容排版的时候，要特别注意色彩的搭配。人们的眼睛对色彩非常敏感，不同的颜色能够向人们传递各种不同感觉，例如人们经常说的："红色给人以热情、奔放的感觉，蓝色给人以深沉、忧郁的感觉"。

运营者在进行文案内容排版的时候，主要涉及的地方是文案中所用文字的色彩搭配和图片的色彩搭配。

1. 文案中所用文字的色彩搭配

对于大部分微信公众号文案而言，文字是一篇文案中的重要组成部分，它们是用户接受文案信息的重要渠道。

文案的文字颜色是可以随意设置的，并不只是单调的一个颜色。从用户的阅读效果出发，将文案中的文字颜色设置为最佳的颜色是非常有必要的。文字的颜色搭配适宜是让文案产生吸引力的一个重要因素，其作用和意义如图 5-2 所示。

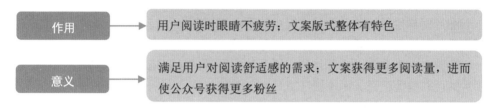

图 5-2　适宜的文字颜色搭配的作用和意义

运营者在进行字体颜色设置的时候，要以简单、清新为主，尽量不要在一篇文案中使用多种颜色的字体，这样会使得整篇文案带给用户一种眼花缭乱的感觉。同时，文字的颜色要以清晰可见为主，不能使用亮黄色、荧光绿这类让用户看久了眼睛容易产生不舒适的颜色，要尽量以黑色或者灰黑色为主。

在介绍了适宜的文字颜色搭配会产生的作用之后，接下来我们就来欣赏某微信公众号中文字的颜色搭配，其文字颜色搭配看起来非常舒适，如图 5-3 所示。

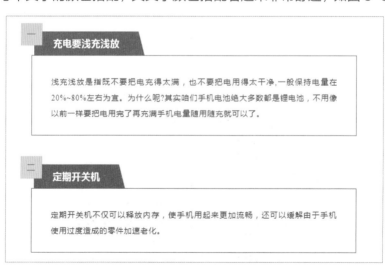

图 5-3　文字颜色搭配的案例

专家提醒

　　需要注意的是，微信公众号运营者如果要对文案中某一句话或者某个词进行特别提示，使用户一眼就能注意到，那么就可以使用一些不同的颜色对该文字进行特别标注，使其更显眼。

2. 文案中所用图片的色彩搭配

　　图片同样也是微信公众号文案中的重要组成部分，有的微信公众号在推送的文案中，就只有一张图片或者全篇都是图片。

　　运营者在为文案选择图片时，需要注意图片的色彩搭配是否适宜。而要做到图片的色彩搭配适宜，则需要注意几点，具体如图 5-4 所示。

图片的色彩搭配适宜需注意的几点

- 图片清晰，主次分明，层次感要强
- 色彩饱和，尽可能保持色调的统一性
- 主题清晰，图片必须符合文案的主题

图 5-4　图片的色彩搭配适宜需注意的几点

　　图 5-5 所示为"手机摄影构图大全"微信公众号的文案内容，可以看到，其中图片色彩搭配就是比较适宜的。

图 5-5　文字颜色搭配舒适的案例

5.1.3 文字间距要适宜

文字排版中，文字之间间距的把握很重要，尤其是对于用手机浏览文案的微信用户来说。文字间距要适宜主要是指文字在 3 个方面的距离要适宜，具体包括字符间距、行间距和段间距。

1. 字符间距

字符间距指的是横向间的字与字的间距，字符间距的宽与窄会影响用户的阅读感受，也会影响整篇文案篇幅的长短。

在微信公众号的后台，并没有可以调节字符间距的功能按钮，所以微信运营者如果想要对文案的文字进行字符间距设置，可以先在其他的编辑软件上编辑好，然后再复制粘贴到微信公众平台的文案编辑栏中。

这里就以 Word 为例，为大家讲一下文字的字符间距。在 Word 中，字符间距的选项有 3 种，分别是标准、加宽、紧缩，如图 5-6 所示。这 3 种字符间距可以根据个人的喜好进行调整，通常来说，同样字数的一段话，字符间距宽，它所占的行数就越多。

图 5-6　Word 中的字符间距的选项

接下来就为大家展示将字数相同的一段文字，按 Word 中标准、加宽 1.5 磅、紧缩 1.5 磅 3 种形式，复制粘贴到微信公众平台后台新建图文编辑栏中所呈现出的效果，如图 5-7 所示。

由图 5-7 可以看出，文字的字符间距对微信公众平台上文案的排版是有一定影响的，并且会影响到用户的阅读体验，所以运营者一定要重视字符间距的排版。

标准：接下来，就为大家展示将字数相同的一段文字按Word中标准、加宽1.5磅、紧缩1.5磅3种形式，复制粘贴到微信公众平台后台群发功能中的新建图文消息中的图文编辑栏中所呈现出的效果。

加宽1.5磅：接下来，就为大家展示将字数相同的一段文字按Word中标准、加宽1.5磅、紧缩1.5磅3种形式，复制粘贴到微信公众平台后台群发功能中的新建图文消息中的图文编辑栏中所呈现出的效果。

紧缩1.5磅：接下来，就为大家展示将字数相同的一段文字按Word中标准、加宽1.5磅、紧缩1.5磅3种形式，复制粘贴到微信公众平台后台群发功能中的图文编辑栏中所呈现出的效果。

图5-7　Word中的字符间距种类

2．行间距

行间距指的是文字行与行之间的距离。行间距的多少决定了每行文字间纵向间的距离，行间距的宽窄也会影响文案的篇幅长短。在微信公众号后台，设有行间距排版功能，其提供的可供选择的行间距宽窄有 8 种，具体如图 5-8 所示。

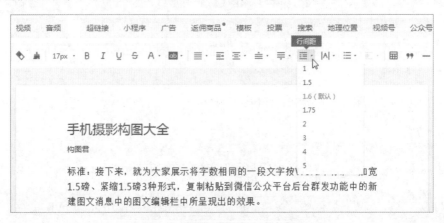

图5-8　微信公众平台后台的行间距选择

基于用户的阅读体验，一般会将行间距设置在 1.5 ～ 2 倍之间，其排版的视觉效果会比较好。

3．段间距

文字的段间距指的是段与段之间的距离，段间距的多少也同样决定了每行文字间纵向间的距离。在微信公众号后台，图文消息的段间距设置分为段前距与段后距 2 种，这 2 种段间距功能都提供了 7 种间距选择，如图 5-9 所示。

图 5-9　微信公众平台的段前距与段后距功能

5.1.4　分割线的妙用

在微信公众号后台对图文内容进行排版时，可以利用分割线把部分内容区分开来，这样，当文字内容较多的时候，才不会错看，且能很好地提升用户的阅读体验。下面介绍添加分割线的操作方法。

步骤 01　进入微信公众号后台的编辑页面，❶移动鼠标，定位至段与段之间的空白位置，❷单击"分隔线"按钮，如图 5-10 所示。

图 5-10　单击"分隔线"按钮

步骤 02　执行操作后，即可在鼠标指针所在行的上方插入分隔线（分隔线的颜色比较淡，用手机查看时会清晰一点），如图 5-11 所示。

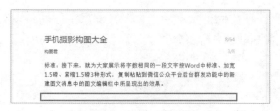

图 5-11　插入一根分隔线

5.1.5　图文结合要谨慎

虽然现在文案的内容形式多种多样，但是大多数微信公众号的文案还是以图文结合为主。所以，如果要说公众平台文案的排版，那就不得不提到图文排版。运营者在进行文案图文排版时，如果要想让版式看起来舒适，就需要注意以下两点。

1. 图片版式、大小一致

在同一篇文案中，用到的图片与版式要一致，这样给用户的感觉就会比较统一。图片的版式一致指的是，如果运营者在文案中最开始用的是圆形图，那么后面的图片也要用圆形的，同样地，如果第一张图是矩形的，后面的图片也都用矩形的。

微信公众号"手机摄影构图大全"文案中使用的图片版式与图片大小就是一致的，如图 5-12 所示，这样能给用户一种统一感。

图 5-12　图片版式与图片大小一致的公众号案例

2. 图文间要有间距

图文间要有间距可以分为两种，一种是图片与文字之间要隔开一段距离，不能太紧凑。如果图片与文字隔得太紧，会让版面显得很拥挤，给用户带来的阅读效果不佳。

另一种是图片与图片之间不要隔得太紧凑，要有一定的距离。如果两张图片之间没距离，就会给用户是一张图的错觉。尤其是连续在一个地方放多张图片的时候，特别要注意图片之间的距离。

专家提醒

微信公众号后台默认的背景是白色的，如果运营者想要为图文信息或其中的某一部分添加背景色，可以通过"背景色"功能按钮来设置。如果运营者想要为整个版面添加底纹，可以先在 Word 文档中为内容添加底纹，然后再复制并粘贴到微信公众号后台上。当然，也可以通过其他编辑器设置好之后再同步到微信公众号。

5.1.6 版式简洁更舒适

如果在同一篇文案中使用过多的排版方式，就会使版面显得很杂乱，给用户造成不适感。因此，运营者在追求版式特色的同时也要注意版式的简洁，在一篇文案中不要使用太多的排版方式。

有时候，简洁的版式反而会在众多杂乱的版式中自成一股清流，拥有自己的特色，吸引到更多用户。以微信公众号"手机摄影构图大全"为例，其文案的排版就非常简单，但是又有自己的特色，如图 5-13 所示。

图 5-13 微信公众号"手机摄影构图大全"的文案排版

5.2　特殊引流：开头、结尾版式的作用

在进行公众平台内容排版的时候，不仅要做好正文内容的排版，还要将文案开头、结尾的排版也做好。因为有时候这些小细节也能给运营者的运营工作带来不错的运营效果。本节就为大家分析一下开头、结尾版式的作用。

5.2.1　开头增加关注

相信大部分人每天都会阅读微信公众平台推送的信息，那么大家注意到文案的开头部分的排版有什么规律吗？很多运营者都会在文案的开头处放上一段邀请用户关注微信公众号的话语或者图片，如图 5-14 所示。

图 5-14　文案开头排版的微信公众号案例

这段话，或者这张图片，为什么要排在文案的开头呢？把它排版在开头就是为了让用户在点开文案的时候就能够点击关注微信公众号，以达到提高账号关注度的目的。

5.2.2　结尾增加点击量

很多微信公众号文案的结尾排版中，会留一个版面对账号之前已经推送过的文案进行推荐，或者以收录合集的形式为用户点击查看其他文案提供便利。例如，微信公众号"手机摄影构图大全"部分文案的结尾处便设置了收录合集板块，如图 5-15 所示。用户只需点击该板块中的"摄影展评"链接，便可以查看该微信公众号发布的同类文案。

还有的微信公众号运营者因为拥有自己的网站或者店铺，所以他们会在文案的结尾处设置一个"阅读原文"的链接，如图 5-16 所示。用户只需点击该链接，

便可跳转到对应网页，从而提高自身的曝光度。

图 5-15　微信公众号"手机摄影构图大全"文案结尾的排版

图 5-16　文案结尾排版设置"阅读原文"链接

5.3　排版工具：3 种常用的编辑器介绍

　　微信公众号是微信运营的重要平台，运营者应该为微信公众平台的运营多费一些心思，但平台上所能提供的编辑功能是有限的，只有简单的内容排版功能。这对使用微信公众平台的商家来说，难免显得太过单调。

因此，运营者需要借助一些功能更齐全的第三方编辑器帮助自己设计出更多有特色的内容版式，以吸引用户的目光。本节就来为大家介绍 3 种常用的编辑器。

5.3.1 秀米排版编辑器

秀米编辑器是一款优秀的内容编辑器，很多微信运营者在给文案排版时，都会使用该编辑器。运营者可以在秀米中绑定微信公众号，这样就可以将编辑完的图文消息同步到微信公众平台上，从而节省一定的推送图文消息的时间。接下来就为大家介绍这个过程的详细步骤。

步骤 01 进入秀米官网的"我的秀米"页面，单击"同步多图文到公众号"按钮，如图 5-17 所示。

图 5-17 单击"同步多图文到公众号"按钮

步骤 02 进入"公众号同步"页面，单击"授权公众号"按钮，如图 5-18 所示。

步骤 03 在弹出的"微信公众号登录"对话框中，单击"点击开始微信公众号授权"按钮，如图 5-19 所示。

图 5-18 单击"授权公众号"按钮

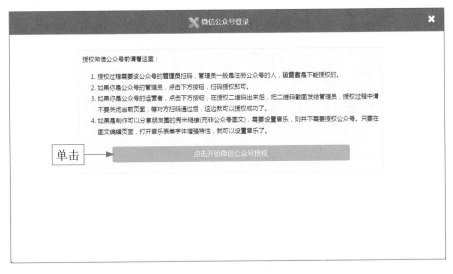

图 5-19　单击"点击开始微信公众号授权"按钮

步骤 04　执行操作后，"微信公众号登录"对话框中会出现一个二维码，如图 5-20 所示，运营者只需使用微信公众号管理员个人微信扫描该二维码进行授权即可。

图 5-20　"微信公众号登录"对话框中的授权页面

步骤 05　授权成功后，单击"公众号同步"页面的"同步公众号"按钮，即可查看已绑定的微信公众号，如图 5-21 所示。

图5-21 查看已绑定的微信公众号

那么，运营者要如何在秀米排版编辑器中进行微信公众号文案的排版，并将完成排版的文案同步到微信公众号后台呢？具体操作步骤如下。

步骤 01 进入秀米官网的"我的秀米"页面，单击"新建一个图文"按钮，如图5-22所示。

图5-22 单击"新建一个图文"按钮

步骤 02 进入"图文排版"页面，❶单击"我的图库"按钮，跳转到相应页面；②单击图文编辑区域的封面位置；③选择图库中需要作为文案封面的图片，如图 5-23 所示。

图 5-23 选择图库中需要作为文案封面的图片

步骤 ③ 执行操作后，即可完成封面图的设置。输入标题、作者等信息，完成基础信息的设置，如图 5-24 所示。

图 5-24 完成基础信息的设置

步骤 ④ ①在文案基础信息设置板块下方的输入框中，输入文案开头部分的文字；②单击"图文模板"按钮，进入相应页面；③为二级标题选择合适的模板，如

图 5-25 所示。

图 5-25　为二级标题选择合适的模板

步骤 05　在对应输入框中输入二级标题名称，即可完成二级标题的编辑，如图 5-26 所示。

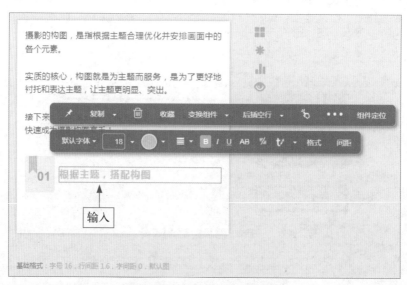

图 5-26　完成二级标题的编辑

步骤 06　❶单击"我的图库"按钮，进入相应页面；❷选择对应的图片；❸输入对应的文字信息，完成整篇文案的排版，如图 5-27 所示。

步骤 07 单击页面上方的"保存"按钮，保存编辑好的文案，如图 5-28 所示。

图 5-27 完成整篇文案的排版

图 5-28 保存编辑好的文案

步骤 08 ❶单击"导出"按钮；❷选择弹出的列表框中的"同步到公众号"选项，如图 5-29 所示。

图 5-29 选择"同步到公众号"选项

步骤 ⑨ 执行操作后，如果页面右上方显示"已同步到公众号草稿箱"，就说明同步操作成功了，如图 5-30 所示。

图 5-30　同步操作成功

步骤 ⑩ 此时，运营者即可进入微信公众号后台，在"首页"页面的"近期草稿"板块中查看刚刚编辑的内容，如图 5-31 所示。

图 5-31　在微信公众号后台查看刚刚编辑的内容

5.3.2　135 编辑器

135 编辑器主要用于微信长图文内容的编辑，其主界面和秀米编辑器类似。借助 135 编辑器的"一键排版"功能，运营者可以快速完成文案内容的排版。

图 5-32 所示的为两张微信公众平台的图文截图，左图是直接在微信公众平台后台对图文进行编辑的图文效果，右图是利用免费编辑器进行图文编辑的效果，大家可以将两张图进行对比，看看哪种效果更好。

图 5-32　采用两种方式编排的图文对比

5.3.3　i 排版编辑器

　　i 排版编辑器也是一款很不错的内容编辑器，用户可以通过微信"扫一扫"功能进行注册，然后通过电脑端进行操作。

　　i 排版可以一键排版，而且其最大的特色是可以设计签名，运营者可以将设计好的签名和二维码一起放在图文的最后，从而更好地为账号进行引流。

广告设计

第 6 章

广告入门：新媒体广告设计的基础

　　新媒体是新技术支持下诞生的一种新的媒体形态，它可以同时向所有人提供同样的内容。很多时候，运营者可能需要借助新媒体打广告，为了让新媒体广告获得更好的效果，运营者需要掌握新媒体广告设计的基础知识。

6.1　设计入门：了解新媒体广告设计

　　新媒体将成为新时代的主要传播方式，它重塑了信息传播流程，最大限度地激发了各行各业的生产潜力；而且互联网的普及降低了信息发布门槛，使得大众不再是单纯的信息接收者，他们也可以参与到信息生产中，并慢慢地成为一个新的信息传播者。作为美化新媒体的广告页面，其广告设计的重要程度也不言而喻。本节主要介绍新媒体广告设计的基础知识。

6.1.1　什么是新媒体广告

　　新媒体是相对于传统媒体来说的，它是一种利用数字技术、网络技术、移动技术，通过互联网、无线通信网、有线网络等渠道，以及电脑、手机、数字电视机等终端，向用户提供信息和娱乐的传播形态。

　　在整个互联网时代，电商、广告及增值服务的需求量非常大，借助新媒体，可以自然地连接起自媒体和广告主，让前者有收益、后者有流量，双方各取所需。

　　由于新媒体逐渐由热门转向火爆，新媒体广告也引起了越来越多人的注意。新媒体广告主要是通过传播的新型媒体平台，如抖音、快手、朋友圈、公众号、视频号、小程序、头条号、微博、小红书及 B 站等进行营销推广，从而给大众带来更加舒适的视觉体验，也让营销信息更快捷地传递给大众。图 6-1 所示为新媒体平台中的部分广告。

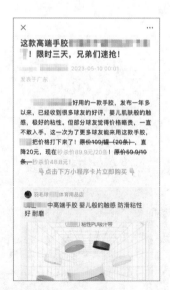

图 6-1　新媒体平台中的部分广告

6.1.2　新媒体广告设计的原则

新媒体广告设计的主要原则就是迎合广告主的需求。新媒体广告设计通常与商业活动相关，要在商业目的上做合适的设计，在设计过程中，一方面要掌握色彩构成、平面构成及立体构成，同时也要了解文案创意、市场营销和用户体验。

新媒体广告设计的核心是视觉创意设计，通过视觉表现让各种新媒体内容更具冲击力和吸引力，并引起用户的注意和兴趣，从而将内容和信息传达给他们，最终促成用户的点击、关注和转发。

如图 6-2 所示，某运营者通过微信公众号这个新媒体渠道发布了亲子乐园门票的广告文案。该文案借助吸睛的海报、丰富的活动和优惠的价格，吸引了许多用户的目光。

图 6-2　亲子乐园门票的广告文案

因此，新媒体与广告设计具有极强的互动关系，新媒体可以更好地传达设计者的广告创意作品，同时为他们带来了更加广阔的发展空间。但是，新媒体也在制约着广告设计，所有的设计作品必须以新媒体为渠道进行传播。

6.1.3　新媒体广告的岗位要求

随着新媒体广告的发展，市场需要的新媒体运营者、新媒体美工、新媒体广告设计师等人才越来越多，这也为许多人提供了就业岗位。以新媒体广告设计师为例，新媒体广告设计师是互联网＋时代的"黄金职业"，前景广、就业好、薪资高，已成为人才市场上十分紧俏的职业，就业前景非常广阔。同时，新媒体美工的发展方向非常广，还可以转型为网站设计师、UI 设计师、商品经理以及平面设计等，甚至有可能成长为全能设计师。

当然，很多企业对于新媒体美工这个岗位有一定的要求。图 6-3 所示为该岗位的常见要求。

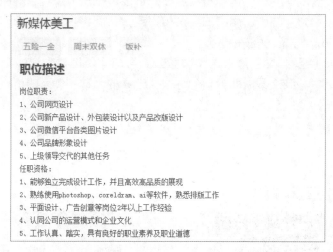

图 6-3　新媒体美工的岗位要求

另外，新媒体广告设计者还需要掌握一些工具的使用方法，如图 6-4 所示。

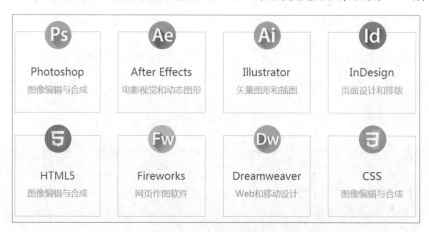

图 6-4　新媒体广告设计者需要掌握的工具

下面根据 58 同城、前程无忧及智联招聘等招聘平台的信息，笔者总结了一些新媒体美工岗位的具体要求。

（1）会熟练使用 PS、AI、CDR 等设计软件。

（2）能够完成微信平台页面美化设计、活动方案设计、VI 设计、商品 Logo 和宣传彩页等制作。

（3）负责微信朋友圈及公众号图片的处理和美化设计等，对微信公众号进行更新及维护。

（4）负责微博、微信各种创意广告图片、海报、宣传册、画册、促销专题页面的设计。

（5）能够完成活动海报的设计、推广页面的设计、企业宣传册、商品图册、单页及招商手册等。

（6）进行新媒体互动页面的整体美工创意、设计、制作及美化。

（7）为网站设计广告图片、横幅及动画广告。

（8）协助各业务部门制作 PPT 和商品演示版本等。

（9）图片制作：如一年中不同节日主题的祝福图片，适用于微信表情的早晚问安及其他主题图片，简单海报制作；易企秀等软件制作宣传小视频及邀请函等。

（10）负责在微信小程序商品的发布与设计。

（11）根据微信策划的主题及内容，设计特色的图画、漫画及 GIF 制作。

（12）负责抖音、微博、微信等新媒体平台大型活动方案的策划、创意、执行、运营，以及汇报和总结。

（13）负责公司平面宣传资料的设计。

（14）精通拍摄后期修片流程工作，熟练掌握 Photoshop 和 LR 等相关修图软件，有相关作品。

（15）擅长微信公众号平台的文案编辑，以及提升粉丝数量。

6.2　配色常识：色彩让内容更有吸引力

看到新媒体文案之后，用户首先会被页面中的色彩所吸引，然后根据色彩的走向对文案内容的主次逐一进行了解。本节主要对新媒体文案的色彩设计知识进行讲解，这些基础知识也是新媒体设计配色中的关键所在。

6.2.1　了解色调

在大自然中，我们经常见到这样一种现象：不同颜色的物体或被笼罩在一片金色的阳光之中，或被笼罩在一片轻纱薄雾似的、淡蓝色的月色之中；或被秋天迷人的金黄色所笼罩；或被统一在冬季银白色的世界之中。这种在不同颜色的物体上，笼罩着某一种色彩，使不同颜色的物体都带有同一色彩倾向的色彩现象就是色调。

色调指的是新媒体广告中画面色彩的倾向，是总体上的色彩效果。在新媒体广告设计的过程中，往往会使用多种颜色来表现形式多样的画面效果，但总体都会持有一种色彩倾向，如偏黄或偏绿，偏冷或偏暖等，这种颜色上的倾向就是画面给人的总体印象。图6-5所示为不同色调的新媒体广告设计。

图6-5　不同色调的新媒体广告设计

色调是色彩运用中的主旋律，是构成新媒体文案的整体色彩倾向，也可以称之为"色彩的基调"，画面中的色调不仅仅是指单一的色彩效果，还是色彩与色彩直接相互关系中所体现的总体特征，是色彩组合呈现出的色彩倾向。下面就从色调色相、色调明度和色调纯度的角度，为大家讲解色调的相关知识。

1. 色调色相的倾向

色调的变化主要取决于画面中设计元素本身色相的变化，如某个页面呈现出红色调、绿色调或黄色调等，指的就是画面设计元素的固有色相，就是这些占据画面主导地位的颜色决定了画面的色调倾向。

图6-6所示为一个关于结婚的海报文案，该海报以粉色为主色调，粉色代表着可爱、青春、恋爱，符合结婚的主题特征。

2. 色调明度的倾向

当构成画面的基本色调确定之后，接下来的色彩明度变化也会对画面造成极大的影响。明度是眼睛对光源或物体明暗程度的感觉，画面明亮或者暗淡，其实就是明度的变化赋予画面的不同明暗倾向，因此在设计页面时，采用不同的明度的色彩能够创造出丰富的色调变化。

图 6-6　以粉色为主色调的结婚海报

图 6-7 所示为某款手机的海报文案，该海报文案中使用明度值较高的色彩进行配色时，高明度色彩之间的明暗反差会变小，使得画面呈现出清淡、明快之感。同时，运用相近色调作为文字的颜色，可以让画面显得更欢快，符合主题表现。

图 6-7　明度较高的手机海报

专家提醒

　　在新媒体广告文案中使用大面积的低明度色彩时，浓重、浑厚的色彩会给人深沉、凝重的感觉，并表现出具有深远寓意的画面效果。而如果使用低明度的色调，则会让得画面呈现出一派神秘、幽远的格调，可以给人留下品质高端的印象。

3. 色调纯度的倾向

在色彩的三大基本属性中，纯度同样是决定色调不可或缺的因素，不同纯度的色彩所赋予的画面感觉也不同，我们通常所说的画面鲜艳度或昏暗度均是由色彩的纯度所决定的。

在新媒体设计中，色调纯度的倾向，一般会根据具体主题的色彩来确认。不过，就色调的纯度倾向而言，高纯度色调和低纯度色调都能赋予画面极大的反差，给用户带来不同的视觉印象。

图 6-8 所示为不同色调纯度倾向的海报，左图中使用低纯度的水墨风格，画面色彩以灰色、白色、黑色等为主色调，简单又让人印象深刻；右图以高纯度的红色为主色调，给人一种喜庆的感觉。

图 6-8　不同色调纯度倾向的海报

6.2.2　调和配色

"调"是调整、调配、安排、搭配和组合的意思；"和"可理解为和谐、融洽、恰当、适宜、有秩序、有条理，没有尖锐的冲突，相得益彰等含义。配色的目的就是为了制造美的色彩组合，而和谐是色彩美的首要前提，它能够令人感觉到愉悦，同时调配后的颜色还能满足人们视觉上的需求和心理上的平衡。

我们知道，和谐来自对比，和谐就是美。没有对比就没有刺激神经兴奋的因素，但只有兴奋而没有舒适的休息会造成过分的疲劳，会造成精神的紧张，这样调和也就成了一句空话。

所以，在设计新媒体广告时，既要有对比来产生和谐的刺激美，又要有适当的调和来抑制过分的对比刺激，从而产生一种恰到好处的对比。总的来说，色彩的对比是绝对的，而调和是相对的，调和是实现色彩美的重要手段。下面就来为大家介绍不同的调和配色方案。

1．以色相为基础的调和配色

在保证色相大致不变的前提下，通过改变色彩的明度和纯度来达到配色的效果，这种配色方式保持了色相上的一致性，所以色彩在整体效果上很容易达到调和。

以色相为基础的配色方案主要有以下几种。

1）同一色相配色

同一色相配色，是指将相同的颜色搭配在一起，比如蓝色的上衣配上蓝色的裤子或者裙子，这样的配色方法就是同一色相配色法。

2）类似色相配色

类似色相配色，是指色相环中类似或相邻的两个或两个以上的色彩搭配。例如：黄色、橙黄色、橙色的组合，紫色、紫红色、紫蓝色的组合等都是类似色相配色。类似色相配色在大自然中出现得特别多，有嫩绿色、鲜绿色、黄绿色及墨绿色等。

3）对比色相配色

对比色相配色，是指在色环中，位于色环圆心直径两端的色彩或较远位置的色彩搭配。它包含了中差色相配色、对照色相配色、辅助色相配色。

在 24 色相环中，两色相相差 4 ~ 7 个色，称为基色的中差色；在色相环上有 90° 左右的角度差的配色就是中差配色，它的色彩对比效果明快，深受人们喜爱；在色相环上，色相差为 8 ~ 10 的色相组合，被称为对照色。从角度上说，相差 135° 左右的色彩配色就是对照色。色相差 11 ~ 12，且角度为 165° ~180° 左右的色相组合，称为辅助色配色。

4）色相调和中的多色配色

在色相对比中，除了两色对比，还有 3 色、4 色、5 色、6 色、8 色，甚至更多颜色的对比。在色环中成等边三角形或等腰三角形的 3 个色相搭配在一起时，称为三角配色。

2．以明度为基础的调和配色

明度是人类分辨物体色最敏锐的色彩反应，它的变化可以表现事物的立体感和远近感。如希腊的雕刻艺术就是通过光影的作用产生了许多黑、白、灰的相互关系，形成了融合；中国的国画也经常使用无彩色的明度搭配。有彩色的物体也会受到光影的影响产生明暗效果，如紫色和黄色就有着明显的明度差。

明度可以分为高明度、中明度和低明度三类，这样明度就有了高明度配高明度、高明度配中明度、高明度配低明度、中明度配中明度、中明度配低明度、低明度配低明度六种搭配方式。其中，高明度配高明度、中明度配中明度、低明度配低明度，属于相同明度配色。

在新媒体广告设计中，一般使用明度相同，色相和纯度变化的配色方式。图 6-9 所示的画面中，背景图片的配色均为高明度调和配色，能够带给人清爽、亮丽的色彩印象，烘托出优雅和含蓄的氛围，是一组柔和且明朗的色彩组合方式，非常符合画面中女性饰品的特点。

图 6-9　以明度为基础的调和配色

3. 以纯度为基础的调和配色

纯度的强弱代表着色彩的鲜灰程度，在一组色彩中，当纯度的水平相对一致时，色彩的搭配也就很容易达到调和的效果，随着纯度高低的变化，色彩的搭配也会带来不一样的视觉感受。

4. 无彩色的调和配色

无彩色的色彩个性并不明显，将无彩色与任何色彩搭配都可以取得调和的色彩效果，通过无彩色与无彩色搭配，可以传达出一种经典的永恒美感；将无彩色与有彩色搭配，可以用其作为主要的色彩来调和色彩之间的关系。

因此，在新媒体广告设计中，有时为了达到某种特殊的效果，或者突显出某个特殊的对象，可以通过无彩色调和配色来对设计的画面进行创作。

6.2.3 色彩的使用

对于新媒体广告设计来说，色彩是非常重要的视觉因素，不同的颜色代表不同的情绪，因此对色彩的使用应该和设计的主题相契合。图 6-10 所示的广告海报将红色作为主要的色彩，红色自带一种喜庆的感觉，与开业这个主题很契合。

图 6-10　以红色为主元素的开业海报

在新媒体广告的制作过程中，根据色彩的特性，通过调整色相、明度及纯度的对比关系，或通过各色彩间面积的调和，可以搭配出变化无穷的新媒体广告效果。

6.3 文字应用：准确传递重要的信息

在新媒体设计中，文字的表现也是很重要的，它可以对商品、活动、服务等信息及时进行说明和指引，并且通过合理的设计和编排，让信息的传递更加准确。本节将对新媒体广告中的文字设计和处理进行详细讲解。

6.3.1 要易于识别

在设计新媒体广告中的文字时，要谨记文字不但是设计者传达信息的载体，也是新媒体设计中的重要元素，因此必须保证文字的可读性，以严谨的设计态度实现新的突破。通常来说，经过艺术设计的字体，可以使新媒体广告中的信息更形象、更具美感，并让用户铭记于心。

随着智能手机的崛起，人们在智能手机上进行操作、阅读与信息浏览的时间越来越长，也促使用户的阅读体验变得越来越重要。在新媒体广告中，文字是影响用户阅读体验的关键元素，因此设计者必须让页面中的文字可以准确地被用户识别。

除此之外，还要注意避免使用不常见的字体，这些缺乏识别度的字体可能会让用户难以理解其中的文字信息。

另外，新媒体广告中的文字应尽量使用熟悉的词汇与搭配，这样可以方便用户理解。在进行新媒体广告的设计与文字编排时，应该多使用一些用户比较熟悉与常见的词汇进行搭配，这样不仅避免用户去思考其含义，还可以防止用户对文字产生歧义，让用户可以轻松理解你想要表达的意思。图6-11所示为某新媒体广告中的部分内容，其中的文字内容就是很容易让人理解的。

图6-11　容易让人理解的文字内容

6.3.2　层次感要强

在设计新媒体广告时，设计者可以巧用文字的大小变化，这样不但可以使广告中的文字更具层次感，而且可以使文字信息在造型上富有趣味性，同时给用户带来一定的视觉舒适感，让用户更加快捷地接收页面中的文字信息。

在图6-12所示的新媒体广告中，通过文字字体的大小呈现，将文字分成多个层次进行展示。其中，"珍惜食物"用相对较大的字体进行呈现，这样，用户看到该新媒体广告时，便能快速把握广告要表达的重点。

图 6-12　层次感强的文字

另外，设计新媒体广告中的文字效果时，还可以通过放大重点字词的方法，呈现出不同的视觉效果，如图 6-13 所示。

图 6-13　放大重点字词

6.3.3　间距要合理

在人们观看新媒体广告中的文字时，不同的文字间距也会带来不一样的阅读感受。例如，文字之间过于紧密可能会带给读者更多的紧迫感，而过于稀疏则会使文字显得断断续续，缺少连贯感。

因此，在进行新媒体广告的文字设计时，一定要把握好文字之间的间距，这样才能给用户带来流程的阅读体验。图6-14所示的新媒体广告中，文字显得十分拥挤，用户在浏览这些文字时容易产生疲劳感，因此需要对行距和字符间距进行适当的调整。调整字符间距后，可以减轻用户的阅读负担，而且还能让用户提高阅读的兴趣。

图6-14　文字过于拥挤的新媒体广告

6.3.4　色彩要合适

适当地设置新媒体广告中文字的色彩，也可以提高文字的可读性。通常的做法是给文字内容穿插不同的颜色或者增强文字与背景色彩之间的对比，使文字在新媒体广告中拥有更强的表达能力，从而帮助用户更快地理解文字信息，同时也方便用户对其进行浏览。

有的新媒体广告图片中，文字虽然有大小和间距的区别，但色彩比较单一，用户无法快速获取其中的重点信息，此时可以尝试转换文字的色彩。改变不同区域的文字色彩，可以使文字的区别更加明显，从而更好地突出重点内容。在图6-15所示的新媒体广告图片中，可以明显发现，金色部分的文字比白色部分的文字更加突出，设计者就是利用此方法来突出新媒体广告中的重点信息。

另外，还可以通过调整文字色彩与背景色彩的对比关系来改善用户的阅读体验。图6-16所示的新媒体广告图片中，采用适当的颜色对比，可以清晰地呈现文字，而且适用于长时间阅读，让用户阅读起来更加流畅与舒适。

图 6-15　不同色彩的文字效果

图 6-16　恰当的文字色彩与背景色彩的对比

6.4　布局版式：新媒体广告版式设计

在设计新媒体广告的过程中，可以通过制作美观、适合的页面，达到吸引用户、提高浏览量与点击率的效果，而制作美观页面的关键之处就在于版式布局。本节将重点讲述各类常见的布局方式与布局原则等内容。

6.4.1 版式布局

在设置一个新媒体广告时，通常包含了太多的元素，这些元素的布局没有固定的章法可循，主要靠设计师的灵活运用与搭配。只有在大量的设计实践中熟练运用，才能真正理解版式布局设计的形式原则，并加以运用，进而创作出优秀的新媒体广告作品。

1. 对称与均衡

对称又称"均齐"，是在统一中求变化；均衡则侧重在变化中求统一。

对称的图形具有单纯、简洁的美感，以及静态的安定感，对称能够给人以稳定、沉静、端庄与大方的感觉，体现秩序、理性、高贵和静穆之美。对称的形态在视觉上有安定、自然、均匀、协调、整齐、典雅、庄重及完美的朴素美感，符合人们的视觉习惯。

均衡的形态设计让人产生视觉与心理上的完美、宁静与和谐之感。静态平衡的格局大致是由对称与均衡的形式构成。均衡结构是一种自由稳定的结构形式，一个画面的均衡是指画面的上与下、左与右能够实现面积、色彩和重量等的大体平衡。

在画面上，对称与均衡产生的视觉效果是不同的，前者端庄静穆，有统一感、格律感，但如果过分均等就容易显呆板；后者生动活泼，有运动感，但有时也会因变化过强而失衡。因此，在设计中要注意把对称、均衡两种形式有机地结合起来灵活运用。

专家提醒

对称与均衡是一切设计艺术中最普遍的表现形式之一。对称构成的造型要素具有稳定感、庄重感和整齐的美感，它属于规则式均衡的范畴；均衡也称平衡，它不受中轴线和中心点的限制。

在设计中，均衡不等于均等，而是根据景观要素的材质、色彩、大小、数量等形成的视觉上的平衡，这种平衡带来的是视觉上的和谐。对称与均衡是把无序的、复杂的形态构成秩序性的、视觉均衡的形式美。

常用的版式布局的对齐方式有左对齐、右对齐、居中对齐，它们各自具体的特点如下。

1）左对齐

左对齐的排列方式有松有紧，有虚有实，具有节奏感。图6-17所示的新媒体广告图片中，文字使用左对齐的方式排列，从而让版面在整体上更具节奏感。

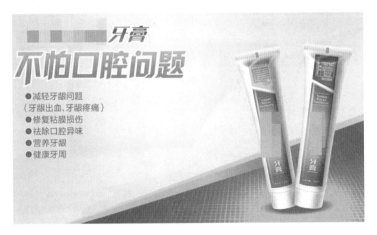

图 6-17 文字采用左对齐布局

2）右对齐

右对齐的排列方式与左对齐刚好相反，整个画面的视觉中心向右偏移，具有很强的视觉冲击力，适合呈现一些特殊的画面效果。在图 6-18 所示的新媒体广告图片中，文字采用的就是右对齐的布局方式。

图 6-18 文字采用右对齐布局

3）居中对齐

居中对齐是指让设计元素以中心轴线为对称中心的对齐方式。它可以让用户视线更加集中，具有庄重、优雅的特点。图 6-19 所示的新媒体广告图片采用的就是居中对齐的布局方式，能够给人带来视觉上的平衡感。

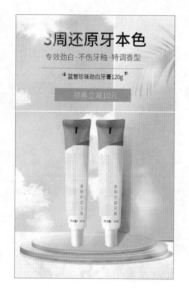

图 6-19 居中对齐布局

2. 节奏与韵律

节奏与韵律是物质运动的一种周期性表现形式，是有规律的、有组织的、重复的变化现象，是在艺术造型中求得整体统一和变化，从而形成艺术感染力的一种表现形式。韵律是通过节奏的变化来产生的，对于版面来说，只有在组织上符合某种规律并具有一定的节奏感，才能形成某种韵律。

在新媒体广告设计中，合理地运用节奏与韵律，才能将复杂的信息以轻松、优雅的形式表现出来。图 6-20 所示的新媒体广告图中，三幅图片的色彩和布局统一，相同形式的构图体现出画面的韵律感，而每个画面中的文字形态和内容又各不相同，这样又可以体现出节奏上的变化，让广告信息的展示显得更加美观。

图 6-20 节奏与韵律的布局表现形式

3．对比与调和

从文字含义上分析，对比与调和是一对充满矛盾的综合体，但它们实质上却是相辅相成的统一体。在新媒体广告设计中，画面中的各种设计元素都存在着相互对比的关系，但为了找到视觉和心理上的平衡，设计师往往会在不断地对比中寻求能够相互协调的因素，让画面同时具备变数和和谐的审美情趣。

1）对比

对比是差异性的强调。对比的因素存在于相同或相异的性质之间，也就是把相对的两要素互相比较，使其产生大小、明暗、黑白、强弱、粗细、疏密、高低、远近、动静及轻重等对比关系。对比最基本的要素是显示主从关系和统一变化的效果。

图 6-21 所示的某新媒体广告图片中，展示的是不同类型马克笔的笔芯宽度，通过宽度的对比，用户可以清楚地了解这些马克笔的区别，同时也能更好地判断自己需要哪款马克笔。

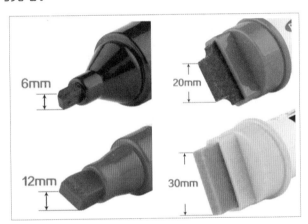

图 6-21　对比布局的表现形式

2）调和

调和是指协调、统一，是近似性的强调，是两个或两个以上的要素之间具有的共性。例如，某新媒体广告中，以统一的"怪兽"元素为背景图层，这便属于调和的布局方式。

对比与调和是相辅相成的，在新媒体的版面构成中，一般整体版面宜采用调和，局部版面宜采用对比。

4．重复与交错

在新媒体广告的版面布局中，不断重复使用相同的基本形象，它们的形状、大小、方向都是相同的，这种重复使设计产生安定、整齐、规律的统一。但重复构成的视觉元素有时会显得呆板、平淡、缺乏趣味性。因此，我们在版面中可安排一些交错与重叠，打破版面呆板、平淡的布局。

图 6-22 所示为某款饮料的新媒体广告，该广告中重复运用罐装饮料图形 + 文字表达的方式，非常有创意。同时，通过背景颜色的交错和文字内容的调整，让整个广告更有趣味性。

图 6-22 重复和交错布局的表现形式

5. 虚实与留白

虚实与留白是新媒体版面设计中重要的视觉传达手段，主要用于为版面增添灵气和制造空间感。两者都是采用对比与衬托的方式将版面中的主体部分烘托出来，使版面结构主次更加清晰，同时也能使版面更具层次感。

任何形体都具有一定的实体空间，而在形体之外或形体背后呈现的微弱或朦胧的文字、图形和色彩就是虚的空间。实体空间与虚的空间之间没有绝对的分界，画面中每一个形体在占据一定的实体空间后，通常需要利用一定的虚的空间来获得视觉上的动态与扩张感。

留白则是版面中未放置任何图文的空间，它是"虚"的特殊表现手法。其形式、大小、比例决定着版面的质量。留白给人的感觉是轻松的，其最大的作用是引人注意。在新媒体的排版设计中，巧妙地留白，讲究空白之美，是为了更好地衬托主题，集中视线和造成版面的空间层次。

6.4.2 布局处理

在新媒体广告设计过程中，图片是除了文字外的另一个重要的传递信息的途径，也是网络销售和微营销中最需要重点设计的一个设计元素。图片比文字的表现力更直接、更快捷、更形象、更有效，可以让信息传递更简洁。

1. 裁剪抠图

在设计新媒体广告时，大部分图片是由摄影师拍摄的，在表现形式上大多是固定不变的，或者是内容上只有一部分符合装修需要，此时就需要裁剪图片或者对图片进行抠图处理，使它们符合版面设计的需求。

2. 缩放图片

对于同一种商品照片的布局设计来说，如果进行不同比例的缩放，也会获得不同的视觉效果，从而凸显出不同的重点。

在新媒体广告设计过程中，可以适当地对图像元素进行遮盖，让商品的特点得以凸显，从而获得用户更多的关注。

第 7 章

设计工具：新媒体广告的设计工具

在新媒体广告的设计过程中，我们可以借助一些工具提升自身的效率。本章就为大家介绍新媒体广告设计中需要用到的一些工具，让大家在做新媒体广告设计时更加得心应手。

7.1 广告内容：新媒体文案小工具

在现代商业竞争中，精彩的广告往往能够让一个企业在众多的同类型公司中脱颖而出。广告是竞争的利器，更是新媒体内容的核心和灵魂所在。本节主要介绍新媒体广告的工具选择和使用技巧，帮助大家更好地进行广告内容的打造。

7.1.1 话题寻找工具

对广告设计者来说，确定主题是最头疼的事。因为找到受用户欢迎的广告内容并不是一件容易的事。而其中一类比较受用户欢迎的内容，就是包含热点话题的内容，所以在确定广告主题时，设计者不妨先看看当前的热门话题。

要寻找热点选题，就要了解当前的热点资讯。其中，各大新闻的门户网站是寻找热点选题的首选，其中就包括搜狐新闻、今日头条和新浪微博等平台。例如，新媒体广告设计者想要了解最近的热门话题，可以进入新浪微博的"话题榜"页面查看相关资讯，如图 7-1 所示。

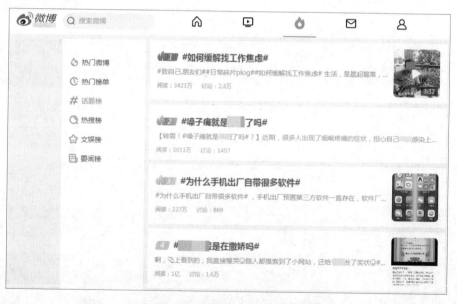

图 7-1 新浪微博的"话题榜"页面

另外，新媒体设计者要想查找众多平台的干货热点内容，可以通过搜狗搜索来进行。打开搜狗搜索页面可以发现，加入了一些新元素。图 7-2 所示为搜狗搜索的默认页面，新媒体设计者在利用搜狗搜索时，可以进行"微信搜索"和"知乎搜索"。只要点击图 7-2 中的"微信"或"知乎"，就能够进入相应的链接，找到你想要的热点话题和干货材料。

图 7-2　搜狗搜索的默认页面

7.1.2　文案策划工具

对于新媒体广告设计者而言，在打造广告内容时，需要先做好文案的策划。在此就为大家介绍文案策划过程中需要用到的一些工具和网站。

1. 第一范文网

第一范文网是一家专门提供范文参考的网站，它以提供各种实用性资料为主，新媒体广告设计者可以从中查看各种范文、作文和教案，以及其他实用性资料，如图 7-3 所示。

图 7-3　第一范文网的默认页面

2．爱墨日记

爱墨日记是一款非常好用的文案采集软件，新媒体广告设计者在利用爱墨日记进行文案采集时，只要将剪切板上的内容复制到爱墨日记的文本编辑框中，然后保存就可以了。爱墨日记还有一个好处就是，在利用爱墨日记复制文本时，可以直接保存为文档格式。

3．Office

Office 软件是一个最基本也是最常用的办公软件，它主要包括 Word、Excel、PowerPoint、Outlook 和 Access 等。对一名新媒体广告设计者来说，熟练使用 Office 软件是一项基本技能。

4．PopClip

PopClip 是一个强大的文本扩展工具，该软件的基本操作方法是：将所有的文本操作归结到一个弹出框中，新媒体广告设计者选择相应的文本时，可以在弹出框内执行复制、剪切、粘贴、搜索、校正、进入超链接、写邮件和查看辞典等操作。

5．Paste

Paste 是一个方便人们进行复制、粘贴的工具，它的主要特点是可以进行重复粘贴，从而节省操作时间。

运行 Paste 之后，新媒体广告设计者只要使用【Ctrl＋C】组合键，对多处内容进行复制，然后将光标放到需要粘贴的地方，按【Ctrl＋V】组合键，即可对复制的内容进行循环的粘贴操作，从而提高编辑文档的工作效率。

7.1.3　活动策划工具

众所周知，对新媒体广告而言，与用户的互动是非常重要的。因此，做好活动策划、提升新媒体广告内容的互动性，对新媒体设计者来说，是必不可少的工作内容之一。下面介绍几种常见的活动策划工具。

1．Live App

Live App 是一个移动 App 的场景应用平台，它汇集了众多可以展示手机 App 场景应用模板的网站，这不仅为人们提供了一个可以展示自己作品的平台，也为企业购买适合的场景提供了方便。

新媒体广告设计者在官网完成注册之后，可以获得一个免费的 Live App 模板。拥有这个模板之后，设计者可以根据自身的具体情况来设计模板，使用这种模板内容，可以上传自己需要的商品信息，快速地进行广告的设计。

2. iH5 互动大师

iH5 互动大师是一个在线交互媒体设计平台，其主要特点是交互效果好、显示速度快、制作流程方便，且融入了众多的新媒体元素。新媒体设计者可以在线完成交互媒体设计，不需要写任何代码，并且在完成设计之后，还可以快速地将自己的设计分享到其他网站。

iH5 互动大师的在线交互设计主要体现在对视频、音频、图片及文字等的集合上。其实，对 iH5 互动大师来说，这些内容都是具有交互性的，用户通过这个工具可以加入各种事件，实现了网页可以感受用户行为的可能。正是因为 iH5 互动大师的作品具有多种交互方式，才使用户与网页之间实现直接互动。

3. 易企秀

易企秀作为一款针对移动互联网营销的手机工具，它主打的是手机网页 DIY （Do It Yourself，自己动手做）的制作。从个人角度来说，只要在易企秀 App 上完成注册，就可以在这个 App 上制作相册、贺卡、恋爱笔记、美食记忆、旅行记忆、精美简历、生日祝福等。除此之外，企业还可以在易企秀 App 上制作邀请函、招聘海报、促销海报、名片设计和活动推广设计等。

通过易企秀，新媒体广告设计者可以直接进行手机网页的编辑和制作精美的手机幻灯片，不需要学习那些复杂的编程技术。此外，还可以将自己编辑的网页和制作的手机幻灯片分享到社交平台，以供广告主和目标用户查看。

7.2 广告设计：新媒体设计小工具

在打造新媒体广告内容时，通常要处理各种形式的内容，如图片、视频、音频、动画、H5 和二维码等，因此大家还需要掌握不同的新媒体设计小工具，这样才能快速做出漂亮的作品。本节就来介绍几种新媒体设计小工具。

7.7.1 图片处理工具

新媒体广告设计者在编辑完广告文案的主要内容之后，就该考虑图文设计了。本小节将以 Windows 截图工具、美图秀秀和 Photoshop 为例，向大家介绍一些图文处理的方法。

1. Windows 截图工具

现在很多人都是利用微信、QQ 等社交软件进行截图的。其实，在 Windows 的"附件"中就自带截图工具，我们可以借助该工具进行截图和图片保存操作。

新媒体广告设计者可以通过如下操作使用Windows自带的截图工具截图并保存。

步骤 ⓵ ❶单击电脑左下角的 按钮；❷在弹出的对话框中选择"所有程序"选项，如图7-4所示。

步骤 ⓶ 在所有程序的相关对话框中，选择"附件"选项下的"截图工具"选项，如图7-5所示。

图7-4 选择"所有程序"选项

图7-5 选择"截图工具"选项

步骤 ⓷ 执行操作后，弹出"截图工具"对话框，并且鼠标光标被拖动至该对话框以外的区域时，会变成十字形状，如图7-6所示。

图7-6 鼠标光标变成十字形状

步骤 ⓸ 拖动鼠标光标，会出现一个红色框，如图7-7所示，该红色框即为当前的截图区域。

步骤 ⓹ 截图完成后，"截图工具"对话框中会显示所截的图片，如果要保存该图片，可以选择"文件"|"另存为（A）… Ctrl ＋ S"命令，如图7-8所示。

步骤 ⓺ 在弹出的"另存为"对话框中，❶输入文件名；❷单击"保存（S）"按钮，如图7-9所示，即可保存所截的图片。

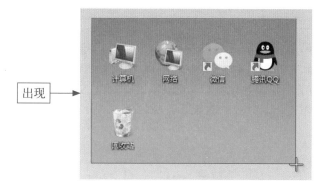

图 7-7 截图区域

图 7-8 选择"另存为（A）… Ctrl + S"命令

图 7-9 单击"保存（S）"按钮

专家提醒

　　此外，还可以利用各种快捷键进行截屏，比如，利用 Print Screen 键可以截取整个电脑屏幕，Alt ＋ Print Screen 键可以截取当前的活动程序窗口。Windows 自带的这些截图方式，会为新媒体广告设计者进行电脑操作时提供很大的方便。

2．美图秀秀

　　美图秀秀是大众普遍使用的一款修图工具，它非常受年轻人的欢迎。美图秀秀最大的特点就是简单易上手，操作非常灵活、方便，而且还为用户提供了很多有用的功能。

　　虽然美图秀秀是一款简单的修图小工具，但是它的用途却很广泛，它所具备的功能对那些非专业用户来说是非常有用的，因此受到很多用户的赞赏与青睐，对那些爱自拍的女性来说，更是一款手机的必备软件。

　　美图秀秀的常用工具主要包括裁剪旋转、去水印、图片拼接、压缩图片大小和新建画布做海报等。新媒体广告设计者可以利用这些工具对自己所拍的图片进行加工处理，以达到自己想要的效果。

3．Photoshop

　　Photoshop 是一款专业的图片编辑工具，主要是对那些由像素构成的数字图像进行处理，并在这方面具有非常强大的功能，涉及图像、图形、文字和视频等方面。

　　在 Photoshop 工作界面中，单击"图像"｜"调整"命令，即可弹出菜单列表，其中有很多修图的功能，包括亮度、对比度、色阶、曲线、曝光度、饱和度、色彩白平衡、照片滤镜、阴影、高光、色调均化等，用户可以通过这些功能完成对图片的编辑与精修。

　　现如今，虽然除了 Photoshop 外，还有很多修图软件，但当所需要的图片在清晰度和制作等方面的要求较高时，就应该多学习使用 Photoshop 工具了。

7.2.2　视频音频工具

　　为了进一步美化并丰富新媒体推送的内容，新媒体广告设计者也可以在内容中加入视频或音频。这不仅是对内容推送的一种创新，同时也更加符合用户的观看习惯，是满足用户诉求的一种表现。而编辑视频音频内容需要借助一定的工具才能完成，因此新媒体广告设计者也需要了解和学习一些基本的视频音频软件。

1．屏幕录制

在录制视频时，新媒体广告设计者可以通过不同的终端来实现，下面分别介绍通过一种利用电脑（Camtasia Studio）和手机（Shou）录制屏幕的工具。

1）Camtasia Studio

Camtasia Studio 是一款专业的电脑屏幕录制与编辑软件，它主要的功能是对屏幕、配音、声音的录制及视频制作等。Camtasia Studio 录制的屏幕清晰度非常高，声音也特别清晰，由于其操作的简单性，故而深受广大用户的喜爱。

2）Shou

Shou 是一款免费的手机屏幕录制软件，这款软件不仅屏幕高清，支持分辨率的修改，而且对视频的录制时长也没有限制。

Shou 这款手机屏幕录制软件有以下三大特点。

- 可录制高清屏幕视频，或播放录制的高品质视频。
- 拥有顶级的手机游戏、玩家和电子竞技赛事，用户可以通过游戏频道的名称进行浏览。
- 拥有全功能的聊天模式，用户可享受浮动聊天，甚至可以开启"聊天 - only"的模式。

2．音频编辑器

音频编辑器是一款对音频进行调试的工具，自从这种音频编辑器开发了手机 App 后，新媒体广告设计者在处理各种音频时就更加方便了。在音频编辑器上方有一排编辑音频的工具按钮，只要单击相应的按钮，就可以实现对音频的相应编辑。

3．会声会影

会声会影是一款强大的照片、图片和视频制作、剪辑软件，具有多种视频编辑功能和动画制作效果。会声会影将那些屡获好评的易用性和有趣的新功能相结合，把用户的照片和视频转换成精彩的电影，讲述一个精彩纷呈的故事。会声会影的主要特点是操作简单，适合家庭日常使用，同时也非常适用于新媒体视频广告的创作，具有从拍摄到分享的所有功能。

7.2.3 H5 制作工具

在这个移动社交时代，H5 营销凭借着其简单、快捷、灵活、酷炫的特点获得了大量用户的认可。同时，它也因此迎来了新的发展，推动了移动营销的新热度。

一份 H5 广告一般包括了文字、图片、声音、视频、链接等多种元素，也包含了多种用户使用场景。H5 海报制作的主要目的是帮助企业展开宣传推广活动，介绍产品信息以及具体的营销内容。下面就来介绍 H5 制作的几种常用工具。

1. 人人秀

人人秀（rrxiu.net）可以帮助用户制作各种 H5 页面、微场景、创意海报、微杂志、微信邀请函、场景应用、微信贺卡，即使是不懂设计、不会编程的新手，也可以快速上手。

2. 初页

初页是一种类似于 PPT 的移动端设备展示与传播的 H5 页面，其主要功能是在移动端社交媒体展示与传播。

对企业来说，初页可以帮助它们制作精美的邀请函或海报；对普通用户来讲，初页可以为其制作生日贺卡、纪念册及旅行图志等。对个别特定用户而言，也可以利用初页来制作微信公众号的欢迎页，甚至可以利用它在朋友圈展示自己的商品等。

3. MAKA

MAKA 是国内首家 H5 数字营销创作及创意平台，该平台为用户提供了丰富的 H5 模板，如图 7-10 所示。具体来说，它不仅是一个海量的行业模板，也是一个图文编辑工具。它的主要功能是为用户提供表单收集潜在客户信息，方便用户随时创作、编辑和管理 H5 项目。

图 7-10　MAKA 中提供的 H5 模板

在使用 MAKA 制作作品时，有一个简单的方法，就是利用 MAKA 提供的模板来制作需要的内容。如果用户对提供的模板不满意，则需要新建一个项目，上传自己的作品封面，并填写名称和描述等信息，对背景内容进行设置，在文本框中添加相应的文字，即可出现制作后的效果，最后制作完成后，单击"预览"就可以预览成品的效果了。

7.2.4　动画制作工具

Animate CC 是由 Adobe 公司推出的一款矢量图形编辑和动画制作软件，由原 Adobe Flash Professional CC 更名得来，具有界面友好、功能强大、易于掌握、使用方便和体系结构开放等特点，被广泛应用于卡通动画、片头动画、游戏动画、广告动画和教学课件等领域，深受广大动漫制作人员和动画设计人员的青睐。

Animate CC 的界面清新、简洁、友好，能够帮助用户快速掌握软件的使用方法。同时，Animate CC 可以轻松制作出各种动画效果，是由一帧帧的静态图片在短时间内连续播放而产生的视觉效果，表现为动态过程，能满足新媒体动画设计的基本需求。

7.2.5　二维码生成工具

二维码是新媒体时代不可或缺的营销工具，在各种新媒体界面中都可以看到二维码的身影，如图 7-11 所示。

图 7-11　随处可见的二维码

二维码的使用范围相当广泛，给大众生活带来了诸多便利。同时二维码的制作也并不复杂，可以直接在线生成。新媒体美工设计者可以依据自身需求，制作出独属于自己的二维码。

　　例如，草料二维码是一个专业的二维码服务提供商，提供二维码生成、美化、印制、管理和统计等服务。它不仅可以为用户提供电话、短信、邮件和 Wi-Fi 等二维码制作，也可以提供图片、视频和音频等内容的二维码制作。草料二维码凭借其领先的技术，不仅可以快速地生成及制作二维码，而且还可以根据用户的需要对扫描二维码后的内容进行修改。

　　以微信公众号内容为例，新媒体广告设计者可以通过如下操作，在草料二维码中生成对应的二维码。

　　步骤 01　打开对应微信公众号内容，❶单击页面上方对应标题右侧的 … 按钮；❷选择弹出的列表框中的"复制网址"选项，如图 7-12 所示。

图 7-12　选择"复制网址"选项

　　步骤 02　进入草料二维码的官网默认页面，单击"网址"按钮，如图 7-13 所示。

图 7-13　单击"网址"按钮

步骤 03 切换至"网址"选项卡后，❶在输入框中粘贴复制的网址；❷单击"生成二维码"按钮，如图 7-14 所示。

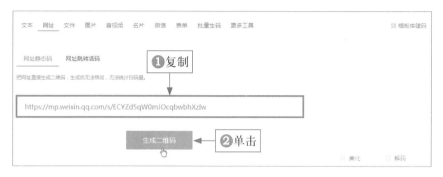

图 7-14 单击"生成二维码"按钮

步骤 04 ❶执行操作后，系统会自动生成一个二维码，如图 7-15 所示。❷新媒体广告设计者可以单击右下方的"下载图片"按钮，将生成的二维码作为图片下载下来，以便在合适的时候将其添加至新媒体广告中。

图 7-15 生成并保存二维码

第 8 章

视觉优化：做到美与卖点两者兼得

随着新媒体的迅速崛起，如何在新媒体大环境中进行视觉营销与运营，以此提高品牌知名度、创造利益，是新媒体广告设计的重点，同时也是难点。新媒体广告设计者只有注重视觉优化，做到美与卖点两者兼得，才能保证良好的营销效果，这就是视觉营销与运营的意义所在。

8.1 视觉营销：通过细节抓住用户的心理

视觉营销的英文为"Visual Merchandising"，简称"VM"或者"VMD"。对于新媒体广告设计者来说，视觉营销首先通过细节抓住用户的心理，给用户留下良好的第一印象。本节就来为大家介绍视觉营销的相关技巧。

8.1.1 重点显眼

用户在新媒体平台浏览信息时，停留在一个页面的时间极短。当他们发现页面提供的信息没有吸引力、缺乏浏览价值时，就会快速跳过该页面。根据这一心理，新媒体广告设计者必须在用户短暂停留的时间内，将具有吸引力的视觉信息传递给他们。

而要做到这一点，就要求新媒体广告设计者在进行视觉设计时，将营销活动的重点信息放在显眼的位置，从而在有效的视觉范围内，突显重要的营销信息。

一般而言，图形是有界限的，包括一定的范围，而画面之中内容所处的位置代表了它的地位。重要的信息常常会放在显眼的位置，而次要的信息则会放在角落。因此，在进行视觉营销时，要把重要的信息放在图片中间，而且想让用户一次性看完的信息一定要放在一起，尽量避免分开。

图 8-1 所示为鲜蔬类新媒体广告对重点信息的突显。在这一广告中，将"鲜蔬上新日""全场满 79 减 15"这些对用户极具吸引力的字眼放在了图片的显眼位置，让用户一看就能快速地获取重点信息。

图 8-1　鲜蔬类新媒体广告对重点信息的凸显

8.1.2 场景代入

用户在新媒体平台浏览信息时常常会不自觉地被与自身高度契合的图片吸引。这种情况的出现其实就是用户把自己代入到图片的场景中去了，特别是当画面场景与用户心理高度契合的时候，效果更加显著。

因此，新媒体广告设计者在设计广告时，首先应该找准目标用户，然后对商品进行准确的定位，最后再根据定位和用户来确定广告内容。图 8-2 所示为某款纯肉肠的新媒体广告，该广告通过短视频展示了所售纯肉肠的烤制和食用场景，画面和文字都非常有吸引力，用户很容易就代入了。

 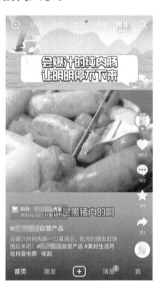

图 8-2　展示所售纯肉肠的烤制和食用场景

在新媒体平台的营销与运营过程中，场景的代入需要利用用户的感性心理，要让他们在看到广告内容后就能够产生情感共鸣，从而对商品产生好感。当然，这需要在设计视觉效果时把握好场景和商品的契合度，尽量选择恰当的图片，继而从视觉效果中传达出自己的品牌理念及商品特色。

8.1.3 简单易懂

凡事至简其实才是不容易做到的，而简洁对于打造视觉营销和运营效果而言也是重要的原则之一。实际上，用户比较喜欢简洁而且不费力的视觉效果，这样就能够更加快速地获取想要的信息。图 8-3 所示为十分简单易懂的广告设计，其广告内容一目了然。

图 8-3　遵从简洁原则设计的视觉效果

8.1.4　运用通感

人的不同感官的感觉可以通过联想的方式联系在一起，比如俗语中的"一朝被蛇咬，十年怕井绳"说的就是这种心理现象。新媒体广告设计者在借助新媒体平台进行视觉营销与运营时也可以利用用户的这一心理。尤其是对于食物类的商品而言，如果将视觉效果打造得格外细腻、逼真，或者看起来让人垂涎欲滴，就能够达到营销的目的。图 8-4 所示为看起来十分美味的商品图。

图 8-4　看起来十分美味的商品图

8.2　形式美感：营造出良好的视觉效果

形式充满美感听起来就比较笼统，简洁、大气、美观等词语都适用于美感，那么在新媒体广告中，具体应该如何才能达到充满美感的视觉效果呢？下面从几个不同的角度进行详细介绍。

8.2.1　字体选择

通常字体的选择会给视觉效果带来不一样的感受，同时也传递了不同重要程度的信息。除了字体的粗细外，还有不同字体的组合，使得画面更丰富，引人注目。图 8-5 所示为茶叶的新媒体广告，该广告中各种不同的字体形成碰撞、融合的效果，让画面变得更加丰富。

图 8-5　不同字体的碰撞、融合

8.2.2　按钮和箭头

通常，在新媒体平台出现的许多商品广告图和活动图中，都会出现引导用户进行购物的按钮或者箭头，这样做一是为了方便用户直接进入购物页面，二是为了暗示用户，从而起到诱导的作用。

图 8-6 所示为某款游戏的新媒体广告，可以看到画面的右下侧有一个"开始游戏"的引导按钮，它是根据用户从左到右、从上到下的浏览习惯设计的，能够起到引导用户单击按钮的作用。

图 8-6　运用按钮进行引导

8.2.3　气氛的营造

在利用视觉效果设计新媒体广告时，可以通过画面中的字眼营造紧张的气氛，从而引起用户的注意，让他们主动进行购物。图 8-7 所示为通过限时优惠营造紧张气氛的新媒体广告。

图 8-7　通过限时优惠营造紧张气氛的新媒体广告

8.3 广告视觉：通过视觉设计提升转化率

视觉营销作为新媒体电商的重要营销手段，需要不断推陈出新。在新媒体广告设计中，需要运用视觉设计为用户营造一种良好的广告氛围，从而提升转化率，将用户转化为消费者。本节就来为大家介绍新媒体广告视觉设计的相关技巧。

8.3.1 设计钻展广告

钻石广告展示位置，简称"钻展广告"，是指按照流量竞价售卖的广告。当用户被各种各样的广告环绕时，什么样的广告才是他们所喜爱的呢？即使你有资本投入钻展广告，又该如何让其发挥显著的作用、提升广告的点击率呢？

从一些优秀的钻展广告的分析中不难得出，一个广告要想获得大量点击率，就需要具备几个特点，如图 8-8 所示。

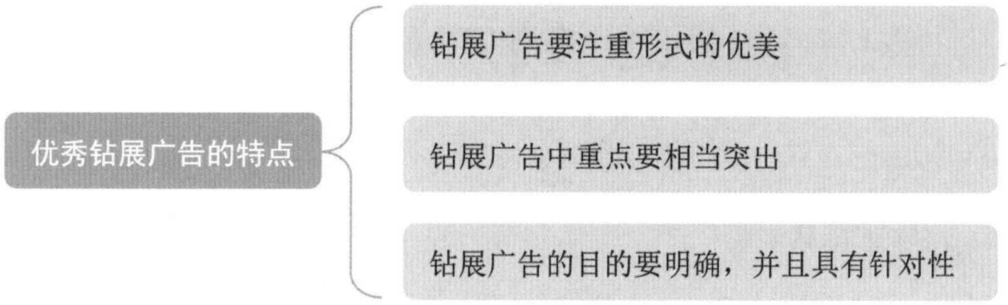

优秀钻展广告的特点	钻展广告要注重形式的优美
	钻展广告中重点要相当突出
	钻展广告的目的要明确，并且具有针对性

图 8-8　优秀钻展广告的特点

同时，对于钻展广告的设计步骤也有所要求，具体内容如图 8-9 所示。

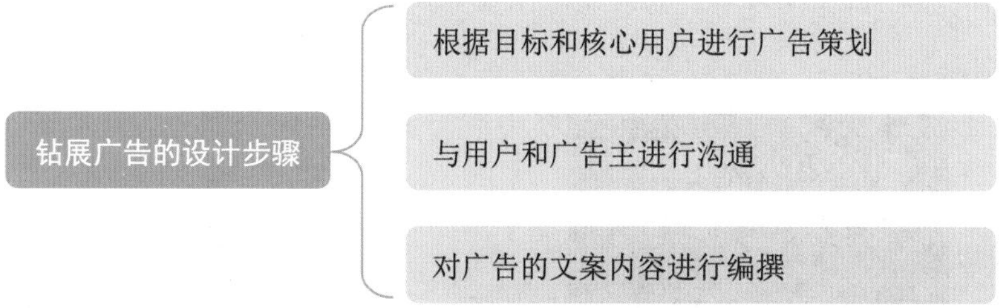

钻展广告的设计步骤	根据目标和核心用户进行广告策划
	与用户和广告主进行沟通
	对广告的文案内容进行编撰

图 8-9　钻展广告的设计步骤

专家提醒

对钻展广告进行设计时，沟通是一个重要的环节，如果不了解用户的商品体验，就无法把握其消费需求。当然，策划和设计也是不可缺少的，三者是环环相扣的。

8.3.2　制作商品内页

商品内容页面（即商品内页）的设计对于提升转化率的作用和重要性是不言而喻的，因此新媒体广告设计者在进行商品内页设计时，需要对商品的相关信息进行必要的介绍。因为用户会针对商品进行仔细筛选和观察，只有全面介绍商品及其要点，才能让用户放心地购买。图 8-10 所示为商品内页需要介绍的内容。

```
                              ┌── 明确告知商品自身的各项信息
                              │
商品内页需要介绍的内容 ────────┼── 注明商品售后服务的各项内容
                              │
                              └── 在内容页面上进行相关的推荐
```

图 8-10　商品内页需要介绍的内容

商品内容页面的设计需要通过细节进行琢磨，寻求将商品卖点和视觉效果转化为实际销量的方法。接下来介绍具体的转化技巧。

1．设计宣传文案

商品内页中的宣传文案是相当重要的一部分，它承载着提升转化率的主要责任，因此需要将提炼出来的商品卖点，通过具有视觉效果的宣传文案表现出来。如果宣传文案有足够的吸引力，将极大地增强商品的竞争优势。图 8-11 所示为某款雨伞的商品内页文案，文案中的文字和图片相得益彰，很好地吸引了用户的注意力。

图 8-11　某款雨伞的商品内页文案

2．讲述商品卖点

在将商品卖点视觉化的时候，可以利用相应的方法和技巧来达到比较好的效果。例如，在讲述商品的卖点时，可以添加一些数据，让卖点更加的真实、可信，如图 8-12 所示。

图 8-12　在讲述商品的卖点时添加一些数据

3．体现商品原料

还有一种将商品卖点视觉化的方法就是在展示商品的同时，把制作商品的原料也展示出来，让用户对商品更加信赖，如图 8-13 所示。

图 8-13　体现商品原料

商品的内页不仅局限于商品卖点的简单罗列，而是要将其卖点融入视觉效果中去，让用户从文案中感受到来自商品的双重冲击。当然，设计的时候除了上面提到的方法之外，还有许多值得借鉴和参考的视觉转化技巧，新媒体广告设计者可以在全面学习其他优秀的视觉化方法后，再进行广告设计。

8.3.3 打造一连串的卖点

用户在阅读商品内页时，通常要看很久，因为页面一般比较长，涵盖的信息也比较全面。因此，大多数商品内页中，都会采用图文结合的设计方式，打造组合视觉效果，连续展现出卖点，如图 8-14 所示。

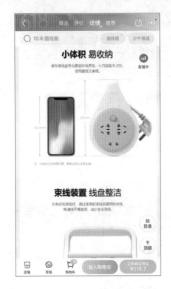

图 8-14　图文结合的商品内页

专家提醒

　　组合视觉效果指的是在卖点图连续出现的时候，不能够随意排列，要对它们之间的联系引起重视。组合视觉效果要做的就是解决屏幕范围之外的视觉设计问题，因为很多设计者在对新媒体内容页面进行设计时，无法注意到整体的版面设计。

当然，在设计新媒体广告的过程中，一定要注意卖点图之间的联系，保持吸引用户的注意力，不然就会造成流量的白白流失。

8.3.4 将主题视觉化

新媒体的主题方案与视觉设计是密不可分的，因为一般是根据主题来对商品图片进行视觉化处理，这样做的途径有很多，可以利用的工具也很多。千万不要觉得将方案的主题视觉化是一件很困难的事情，其实在设计的过程你就会发现，不同主题方案之间的区别不过就是素材、颜色及对比等设计技巧的不同罢了。

在制作新媒体广告时，大家容易进入一个误区，那就是太过重视视觉化的设计，而忽略了宣传主题的展现。例如，很多新媒体广告看起来非常华丽、高雅，但用户并不知道他要表达什么信息，此时用户可能就会与商品失之交臂。

因此，我们在做新媒体广告视觉化设计时，还需要适当地添加一些介绍文字来展现自己的宣传主题，如图 8-15 所示。告诉用户买你的商品，能得到什么，这样才能更好地促进商品转化。

图 8-15　在视觉化设计中添加文字

8.4　创意营销：用视觉效果触动用户情感

在这个信息时代，人们每天都能借助各种新媒体平台接触到大量的信息，感受到各式各样的营销方式。新媒体广告设计者要想迅速地抢占用户视线、吸引用户关注，就必须做好创意营销。本节主要介绍创意营销的实用方法，让新媒体广告设计者的视觉营销获得更好的效果。

8.4.1　心理营销

新媒体广告设计者要想获得比较好的视觉营销效果，还得学会把握用户的心理，通过各种心理暗示来引导用户购买商品。具体来说，在进行视觉营销的过程中，新媒体广告设计者要重点把握用户的三种心理，即从众心理、权威心理和求实心理。

1．从众心理

用户的从众心理，就是当许多人都在种草（就是通过展示商品激发用户的购买欲望）某件商品时，用户就会觉得既然这么多人都说好，就应该差不了。所以，如果某件商品被多个新媒体广告设计者种草，许多用户就会想要买来试试看。

例如，多位带货达人都通过短视频推荐了某款化妆品，用户看到这些短视频之后，就会认为这款化妆品是多位带货达人都推荐的，商品的质量应该差不到哪里去。这样一来，受从众心理的影响，用户自然会更愿意购买该款化妆品。

对于新媒体广告设计者来说，可以同时与多个带货达人合作，增加广告的覆盖面，增加用户看到商品种草内容的次数。这样做虽然会增加推广成本，但也能快速地提高广告的曝光量和商品的知名度。

2．权威心理

每个行业中都会有一些所谓的"权威"，这些人说出来的话往往会让人信服。而在新媒体平台的各领域中，也有一些"权威"，他们就是我们前面所说的头部KOL（Key Opinion Leader 的缩写，即关键意见领袖）。

通常来说，一个新媒体广告设计者或主播之所以能成为头部 KOL，就是因为其过往发布的内容比较受用户的欢迎，或者说能让用户信服。所以，当这些头部 KOL 发布种草短视频时，大部分用户都会觉得他们推荐的商品应该还不错，毕竟这些人是各领域的权威。

新媒体广告设计者可以与对应商品所属领域的 KOL 合作，利用这些 KOL 的权威来推广广告中的商品。

3．求实心理

虽然许多商品的价格都比较优惠，而且光看广告感觉好像还不错。但是，部分用户可能还是会有一些疑虑，毕竟许多人都有不愉快的网购经历，所以对于广告中的商品会多一分慎重。

此时，新媒体广告设计者不妨借助用户的求实心理进行种草。所谓"求实心理"，就是用户在购买一件商品时，只有对商品的实际效果足够满意，才会觉得商品值得买来一试。因此，新媒体广告设计者可以在广告中对商品的使用效果进行展示，让用户体会商品的实际效果。只要商品的效果足够好，用户自然就会产生购买的欲望。

图 8-16 所示为某显瘦套装的营销短视频，该短视频中对不穿套装和穿上套装的效果分别进行了展示，穿上套装之后，模特看上去明显要瘦得多，而且从正面和侧面看，都比较显瘦。所以，用户看到该短视频之后就会觉得这款套装确

实是显瘦的。在这种情况下，受求实心理的影响，部分用户便会想要购买这款套装了。

图 8-16　利用求实心理进行商品营销

借助求实心理进行种草比较适合使用后能够起到明显效果的商品。具有求实心理的用户会觉得"事实胜于雄辩"，如果商品的使用效果达到了心理预期，这部分用户就会觉得商品确实是值得购买的。

8.4.2　口碑营销

互联网时代，用户很容易受到口碑的影响，当某一事物受到主流市场推崇时，大多数人会对其产生兴趣。对于新媒体广告设计者来说，口碑营销主要是通过商品的好评带动流量，让更多用户出于信任购买商品。

常见的口碑营销方式主要包括经验性口碑营销、继发性口碑营销和意识性口碑营销，下面就来分别进行解读。

1. 经验性口碑营销

经验性口碑营销主要是从用户的使用经验入手，通过用户的评论让其他用户认可商品，从而提升营销效果。图 8-17 所示为某店铺中一件商品的评论页面。

随着电商购物的发展，越来越多的人开始养成这样一个习惯，那就是在购买某件商品时一定要先查看他人对该商品的评价，以此对该商品的口碑进行评估。而某件商品的总体评价较好时，便可凭借口碑获得不错的营销效果。

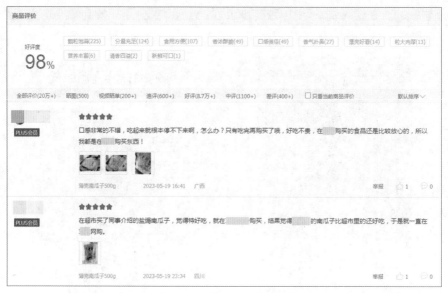

图 8-17　某店铺中某商品的评论页面

比如，在图 8-17 中，绝大多数用户都是直接给好评，该商品的好评度更是达到了 98%。所以，当其他用户看到这些评价时，可能会认为该商品总体比较好，并在此印象下将之加入购物清单，甚至直接进行购买。

对此，新媒体广告设计者可以在广告中对商品的好评率进行展示，让用户更加放心地购买商品。

2. 继发性口碑营销

继发性口碑的来源较为直接，就是用户直接在抖音、快手和淘宝等短视频和电商平台上了解商品相关的信息之后，逐步形成口碑效应。这种口碑往往来源于平台上的相关活动。

以京东为例，在该电商平台中，便通过"京东秒杀""大牌闪购""品类秒杀"等活动，给予用户一定的优惠。所以，京东便借助这个优势在用户心中形成了口碑效应。

当然，新媒体广告设计者也可以通过一定的举措赢得继发性口碑，例如可以定期策划秒杀活动，并通过发布文案将定期秒杀告知用户。这样一来，用户在多次享受到秒杀福利之后，自然而然就会让你获得继发性口碑。

3. 意识性口碑营销

意识性口碑营销，主要就是借助名人效应进行的商品口碑营销，其营销效果往往由名人的知名度决定。相比于其他推广方式，请名人代言的优势就在于，名人的粉丝很容易"爱屋及乌"，他们在选择商品时，会有意识地将自己偶像代言的品牌作为首选，有的粉丝为了扩大偶像的影响力，甚至还会对名人的代言内容进行宣传。

因此，新媒体广告设计者可以在广告中重点营销名人代言，借助名人来提升广告的营销效果，让更多人查看广告、购买商品。

口碑营销实际上就是借助从众心理，通过用户的自主传播，吸引更多用户购买商品。在此过程中，非常关键的一点就是用户的好评。毕竟当新用户受从众心理的影响进入店铺之后，要想让其进行消费，就得先通过好评获得用户的信任。

8.4.3 品牌营销

品牌营销是指通过向用户传递品牌价值来得到用户的认可和肯定，以达到维持稳定销量、获得口碑的目的。通常来说，品牌营销需要新媒体广告设计者业倾注很大的心血，因为打响品牌不是一件容易的事情，市场上生产商品的企业千千万万，但能被用户记住和青睐的却只有那么几家。

因此，如果新媒体广告设计者想要通过品牌营销的方式来引爆商品、树立口碑，就应该从一点一滴做起，坚持不懈，这样才能齐抓名气和销量，赢得用户的青睐。

品牌营销可以为商品打造一个深入人心的形象，让用户更信赖品牌下的商品。品牌营销需要有相应的营销策略，如品牌个性、品牌传播、品牌销售和品牌管理，以便让用户记住品牌。

以某品牌为例，其品牌精神为前卫、个性十足、真实和自信等，很好地诠释了其商品的风格所在。同时，该品牌利用自身的品牌优势在全球开设了多家店铺，赚取了丰厚的利润，同时也赢得了众多用户的喜爱。

该品牌的品牌营销是一步一步从无到有摸索出来的，它也是依靠自己的努力慢慢找到品牌营销的窍门，从而打造出受人欢迎的营销文案。

8.4.4 借力营销

借力营销属于合作共赢的模式，它主要是指借助于外力或别人的优势资源，来实现自身的目标或者达到预期的效果。比如，新媒体广告设计者在设计广告时存在自身无法完成的工作，但是其他人擅长于这一方面的工作，就可以通过合作达成目标。

在进行借力营销时，新媒体广告设计者可以进行三个方面的借力，具体如下。

（1）品牌的借力：借助其他知名品牌，快速提升品牌和店铺的知名度和影响力。例如，可以通过打造联名款的商品，并在广告中将其作为卖点，让另一个品牌的粉丝也注意到你的品牌。

（2）用户的借力：借助其他平台中用户群体的力量，宣传店铺及其商品。图8-18所示为某品牌方便面借力爱奇艺进行营销的相关画面。该品牌通过与爱奇艺合作的方式，借助视频将爱奇艺的用户变为品牌和商品的宣传对象，从而增加品牌和商品的宣传力度和影响范围。

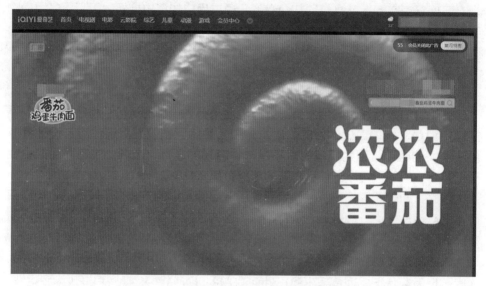

图8-18　某品牌方便面借力爱奇艺进行营销

（3）渠道的借力：借助其他人擅长的渠道和领域，实现共赢。例如，新媒体广告设计者可以与其他人进行合作，共同发挥各自的优势，一起打造更优质的新媒体广告内容。

借力营销能获得怎样的效果，关键在于借力对象的影响力。所以，在采用借力营销策略时，新媒体广告设计者应尽可能地选择影响力大，且包含大量目标用户的平台，而不能抱着广撒网的想法到处去借力。

这主要有两方面的原因。首先，新媒体广告设计者的时间和精力是有限的，这种广泛借力的方式对于大多数新媒体广告设计者来说明显是不适用的；其次，盲目地借力，而不能将信息传递给目标用户，结果很可能是花了大量的时间和精力，却无法取得预期的效果。

数据分析

第 9 章

分析思路：了解新媒体数据分析方法

　　数据分析这个词可能大多数人都不陌生，但是很多人却不知道怎么做数据分析。因此，本章将向大家讲解新媒体数据分析的一些基础内容，帮助大家快速了解数据分析的方法和思路。

9.1　为何要做：明白做数据分析的好处

对于运营者来说，要想更好地进行新媒体账号的运营，就必须学会借助数据分析了解账号的运营情况，并寻找提升账号运营效果的突破口。做好新媒体数据分析有很多好处，例如可以提升用户黏性、生产爆款内容、找准运营方向和增加商业变现等。本节就来详细介绍新媒体数据分析的好处。

9.1.1　提升用户黏性

各新媒体平台已经成为时下的重要营销渠道，无论是微信公众号、微博，还是抖音、快手，都吸引了许多运营者的入驻。入驻平台之后，运营者可以借助平台提供的数据对账号的运营情况进行分析，从而提升账号的运营效果。

例如，在微信公众平台的后台中就为用户提供了一套分析系统，对于微信运营者来说，这套数据分析系统能够帮助他们进行更精准的营销，从而有效地提高粉丝的黏性。但是，很多微信运营者看到后台的数据，却不知该从何入手。其实这些数据能够给运营者带来很多启示，关键看运营者会不会解读这些数据。

微信公众号的运营关键，就是做好用户的运营。因为没有足够数量的用户群体，再多的努力可能也难以获得预期的运营效果。因此，运营者要特别关心用户的动态，了解用户的数量变化情况。平时运营者可能还看不出用户变化的作用，但是当推出了新的计划后，用户数据的变化就能起到很好的指示作用了。它能够反映新计划的实施效果，让运营者能够据此总结经验。

以微信公众号的运营为例，运营者可以通过对微信后台的数据进行分析，找出内容存在的不足，从而打造出更能吸引用户的内容。如果一篇文章不仅阅读量达到了一定的程度，而且转发量也非常高，那就说明有用户对文章的内容非常感兴趣，当他们将文章转发分享到自己的朋友圈时，他们的朋友也会看到这些文章。如果他们的朋友也对文章的内容感兴趣，那么文章内容的传播力度会更大，传播范围会更广。

反之，如果一篇文章的阅读量和转发量都不高，那就说明文章还有很多需要改进的地方。对此，运营者可以通过数据来判断出用户的喜好情况，然后打造更受他们欢迎的内容，这样就能提升用户的黏性，让更多用户成为你的铁粉。

9.1.2　生产爆款内容

运营者要想做好账号运营，就必须找到时下的热点，打开营销的思路，打造更多爆款内容，从而获得更多用户的关注。而要想获得这些热点，更好地打造爆款内容，就必须结合各个平台的数据排行来分析热点的具体热度。那么，要如何做好热点分析呢？运营者可以重点做好下面两个方面的分析。

1. 百度指数上分析趋势

百度指数平台是基于百度用户行为数据建立起来的平台。通过该平台的指数数值，运营者能够快速地了解某个热点的火热程度。

具体来说，如果运营者想要了解某个热点的火热程度，只要在百度指数搜索栏中输入热点关键词即可。图 9-1 所示为热门电视剧《漫长的季节》的百度指数趋势图。

图 9-1 热门电视剧《漫长的季节》的百度指数趋势图

当运营者遇到了好几个同类的热点，不知道哪个热点更受用户关注时，可以在热点关键词后面添加对比词，查看哪一个热点的关注指数更好。如果运营者在打造内容时适当地结合当前的热点，那么打造的内容更容易吸引用户的注意。总的来说，通过百度指数，运营者可以了解到五个方面的信息，如图 9-2 所示。

图 9-2 通过百度指数可以了解到的信息

2．灰豚数据分析商品

对于电商类或者以销售商品为主的运营者来说，关注市场行情是很有必要的，因此要了解商品行情，知道哪些商品好卖。对此，运营者可以通过灰豚数据来查看商品销售情况。

具体来说，灰豚数据平台中为用户提供了多种数据分析版本，运营者可以选择对应的版本来查看商品的销售数据。以查看抖系版的数据为例，运营者可以单击灰豚数据平台"首页"页面中的"立即使用"按钮，如图9-3所示。

图9-3　单击"立即使用"按钮

操作完成后，运营者便可以在灰豚数据抖系版平台的"商品分析"板块中，进行商品搜索，或查看"直播商品榜""抖音新品榜""视频商品榜"和"实时爆款榜"中的商品。

运营者可以单击灰豚数据抖系版平台中"商品"选项下的"商品搜索"按钮，进入"商品搜索"页面，如图9-4所示。在该页面中，运营者可以查看某类商品的价格、佣金比例、直播销量和视频销量等数据。

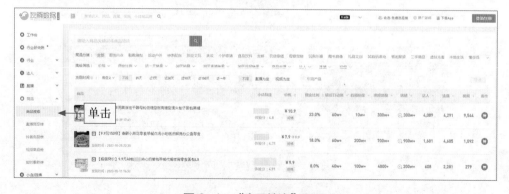

图9-4　"商品搜索"页面

运营者可以单击灰豚数据抖系版平台中"商品"选项下的"直播商品榜"按钮，进入对应的页面，如图 9-5 所示。在该页面中，运营者可以查看在榜商品的价格和销量数据。

图 9-5 "直播商品榜"页面

运营者可以单击灰豚数据抖系版平台中"商品"选项下的"抖音商品榜"按钮，进入对应的页面，如图 9-6 所示。在该页面中，运营者可以查看在榜商品的关联视频数、关联直播数和抖音销量等数据。

图 9-6 "抖音商品榜"页面

运营者可以单击灰豚数据抖系版平台中"商品"选项下的"视频商品榜"按

钮，进入对应的页面，如图 9-7 所示。在该页面中，运营者可以查看在榜商品的视频销量、视频销售额和预估支付佣金等数据。

图 9-7　"视频商品榜"页面

运营者可以单击灰豚数据抖系版平台中"商品"选项下的"实时爆款榜"按钮，进入对应的页面，如图 9-8 所示。在该页面中，运营者可以查看在榜商品的最低直播价、近 1 小时销量和近 1 小时销售额等数据。

图 9-8　"实时爆款榜"页面

9.1.3　找准运营方向

数据分析能够帮助运营者对平台的内容有一个更好地把握。对于新手运营者来说，进行平台内容运营时，可以通过数据的综合表现，得知哪些内容更受用户欢迎，并据此找到账号运营的调整方向。

比如，运营者可以查看平台当前的热门内容，了解用户关注的是哪方面的内容；又如，运营者可以通过数据的分析对比，了解自己发布的两条内容中哪一条更受用户欢迎，并据此调整运营方向，通过制作受用户欢迎的内容，来提高账号运营的效率。

9.1.4 增加商业盈利

对于运营者来说，运营的直接目的就是获得收益。运营账号是一件耗费时间和精力的事，如果不能借此获得收益，谁愿意耗费那么多时间和精力去运营一个新媒体账号呢？也正是因为新媒体平台隐藏着的巨大潜力，所以许多运营者才会入驻各大新媒体平台，试图在众多竞争者中占据一席之地。

新媒体平台的运营有很多重要的环节，其中，提升用户黏性、打造爆款内容和找准运营方向都是为商业变现服务的。如果运营者没有优质的内容、一定数量的粉丝和合适的营销渠道，就算做再多的努力可能也难以实现变现目标。

而数据分析则是实现这些环节的重要前提，没有数据分析，运营者如何了解用户的喜好？怎么打造用户喜欢的内容？没有优质的内容，自然无法吸引用户关注账号，也就无法实现商业变现的目标。因此，数据分析是商业变现的前提，有了科学的数据分析做基础，才能更好地实现商业变现。

9.2 哪些数据：了解要分析的重点内容

做任何事都需要把握好重点，进行新媒体数据分析也是如此。运营者在进行新媒体数据分析时，需要把握好分析的重点。在笔者看来，在分析新媒体数据时，运营者需要重点把握的数据包括：账号的整体数据、单条内容的数据、用户画像的数据和账号收益的数据。

9.2.1 账号的整体数据

通过对账号整体数据的分析，运营者可以快速地把握账号从注册开始到目前的运营情况，或近期的账号运营效果。账号的整体数据主要可以从两个方面进行分析，一是账号目前的累计数据，这部分数据包括总粉丝数、总作品数、总阅读（播放）量、总点赞量、总评论量和总收益量等；二是账号某一段时间内数据的变化情况，如近 30 天内新增了多少粉丝、发布了多少作品和阅读（播放）量增加了多少等。

通常来说，在账号的数据概览中，运营者便可以查看账号的累计数据或某段时间内的数据变化情况。例如，在灰豚数据抖系版平台的"数据概览"页面中，运营者可以查看最近一段时间内账号的新增粉丝、新增作品、作品销售额和直播销售额等数据，如图9-9所示。

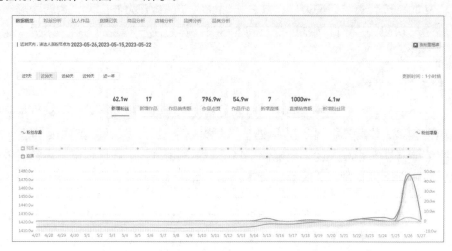

图9-9　灰豚数据抖系版平台的"数据概览"页面

9.2.2　单条内容的数据

除了账号的整体数据之外，运营者还可以分别查看单条内容的数据，并通过单条内容之间的数据对比，以及单条内容与平均数据的对比，评估单条内容的营销效果，了解用户对内容的喜爱程度。

许多平台都对账号发布的单条内容的数据进行了展示，运营者只需进行查看和分析即可。例如，在灰豚数据抖系版平台的"达人作品"页面中，运营者便可以查看已发布的单条内容的点赞量、评论量、销量和销售额等数据，如图9-10所示。

图9-10　灰豚数据抖系版平台的"达人作品"页面

9.2.3　用户画像的数据

通过分析用户画像的相关数据，运营者可以快速把握对账号内容感兴趣的用户的画像，并有针对性地生产用户感兴趣的内容，从而有效地提高内容的营销效果。

查看账号粉丝画像数据的方法很简单。例如，运营者可以进入灰豚数据抖系版平台的"粉丝分析"页面，直接查看账号粉丝画像的相关数据，如图 9-11 所示。

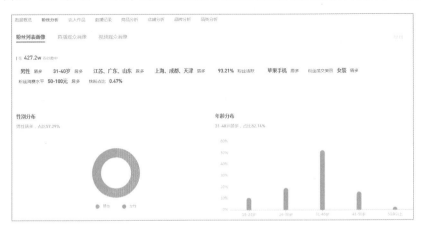

图 9-11　灰豚数据抖系版平台的"粉丝分析"页面

除了账号粉丝画像的数据之外，部分数据分析平台中还支持查看单条内容的观众画像数据。例如，在灰豚数据抖系版平台中，运营者只需单击"直播记录"页面中某个直播对应的位置，即可查看该直播的粉丝画像数据。图 9-12 所示为某场抖音直播的"观众画像"页面。

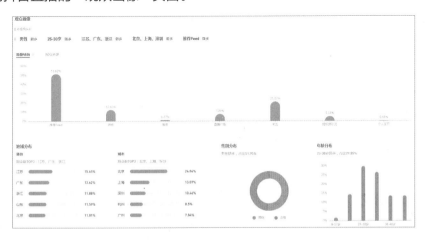

图 9-12　某场抖音直播的"观众画像"页面

9.2.4 账号收益的数据

账号收益数据是大多数运营者比较关注的数据，也是衡量账号运营效果的关键数据。账号收益主要分为三种，第一种是内容创作的收益（主要包括平台给出的创作奖励和通过销售专栏内容获得的收益等）；第二种是用户打赏的收益（包括用户对内容的赞赏和给主播送出的礼物等）；第三种是带货收益（包括商品的销售收益和佣金收益等）。

运营者可以根据自身需求查看不同的收益数据。例如，在灰豚数据抖系版平台的"商品分析"页面中，运营者便可以查看账号中销售商品的直播价、直播销量和指标销售额等数据，如图 9-13 所示。

图 9-13　灰豚数据抖系版平台的"商品分析"页面

9.3　哪里查看：找到数据的查找渠道

要想做好数据分析，首先还得找到对应的数据。那么运营者可以在哪里查看新媒体账号的相关数据呢？通常来说，运营者可以通过三条渠道查看账号的数据，即账号的主页、官方平台和第三方数据分析平台。

9.3.1 账号的主页

许多拥有独立 App 的新媒体平台，都设置了专门的账号主页。在账号主页页面中，运营者可以查看账号的部分数据。

例如，在抖音账号的主页，运营者可以查看该账号的点赞量、关注量、粉丝

量和作品数等数据，图9-14所示

图9-14　某快手账号的主页

需要注意的是，虽然通过账号主页可以快速查看账号的部分数据，但是该页面中呈现的数据相对来说是比较有限的。因此，运营者如果需要对账号进行全面分析，通常还需要结合其他渠道的数据进行进一步分析。

9.3.2　官方平台

大多数新媒体平台都有自己的官方平台，运营者只需进入官方平台的后台，便可借助该平台提供的数据分析系统，查看和分析账号的相关数据。

例如，在微信公众号官网平台的"首页"页面中，运营者可以查看账号的原创内容数量、粉丝量（即图中的总用户量）和昨日阅读量等数据，如图9-15所示。

图9-15　微信公众号官网平台的"首页"页面

9.3.3　第三方数据分析平台

除了账号主页和官方平台之外，运营者还需借助一些第三方数据分析平台，查看和分析账号的相关数据。这些数据分析平台通常会对账号各方面的数据进行全方位分析，运营者只需找到对应的板块，即可查看具体的数据。

网上的数据分析平台有很多，运营者可以根据自己需要分析的账号类型来选择第三方数据分析平台。例如，运营者要分析图文类平台的数据，可以选择新榜平台；运营者要分析视频类平台的数据，可以选择飞瓜数据和蝉妈妈等平台；运营者要分析直播类平台的数据，则可以选择灰豚数据和抖查查等平台。

9.4 理顺流程：清楚数据分析的具体步骤

通常来说，新媒体数据分析大致可以分为五个步骤，即明确目的、数据采集、数据整合、分析评估和归纳总结。本节就来对这五个步骤包含的具体内容分别进行说明。

9.4.1 明确目的

在做一件事之前一定要先明确自身的目的，这样才能有的放矢，朝着目标推进，进行新媒体数据分析也是如此。如果运营者需要进行新媒体数据分析，首先要做的就是明确自己的分析目的，即为什么要进行数据分析。

通常来说，运营者可以从账号近期出现的情况或开展的活动出发，明确数据分析的目的。比如，账号近期出现了粉丝流失严重的现象，那么运营者便可以将新媒体数据分析的目的明确为寻找粉丝流失的原因；又如，账号近期开展了某项促销活动，那么运营者便可以将新媒体数据分析的目的明确为评估促销的效果。

9.4.2 数据采集

数据分析的目的明确之后，接下来运营者便可以根据目的进行数据的采集了。通常来说，新媒体数据的采集主要有三种方法，具体如下。

（1）通过新媒体平台的后台或主页采集数据。

（2）通过第三方平台采集数据。

（3）通过人工手动统计采集数据。

比如，以采集微信公众号的用户数量变化数据为例，运营者可以在微信公众平台后台的"用户增长"页面查看近期的用户数量变化数据列表，如图 9-16 所示。这便属于通过新媒体平台的后台采集数据。

又如，以采集抖音号的直播记录数据为例，运营者可以通过灰豚数据抖系版平台的"直播记录"页面查看各种直播的相关数据，如图 9-17 所示，这便属于通过数据分析平台采集数据。

2023-04-26 — 2023-05-26 ▤ 下载表格

时间 ⇅	新增关注 ⇅	取消关注 ⇅	净增关注 ⇅	累计关注 ⇅
2023-05-26	44	18	26	102,446
2023-05-25	57	22	35	102,420
2023-05-24	31	18	13	102,385
2023-05-23	39	16	23	102,372
2023-05-22	32	23	9	102,349
2023-05-21	34	17	17	102,340
2023-05-20	24	20	4	102,323
2023-05-19	31	20	11	102,319
2023-05-18	31	21	10	102,308
2023-05-17	37	17	20	102,298

1/4 ‹ › 跳转

图 9-16　"用户增长"页面

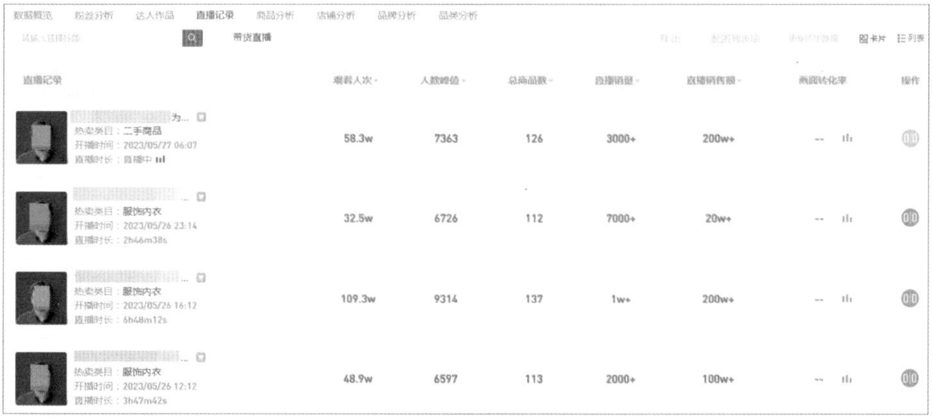

图 9-17　"直播记录"页面

9.4.3　数据整合

　　数据采集完成之后，运营者需要对获得的一系列数据进行整合。因为这些数据中也包含了运营者不需要的，或者无效的内容。除此之外，光看数据可能还不够直观，此时，运营者便可以选择需要的数据，并利用 Excel 绘制成图。

　　例如，运营者需要直观地把握某段时间内新增的关注人数，便可以将新增关注人数的数据绘制成趋势图，如图 9-18 所示。

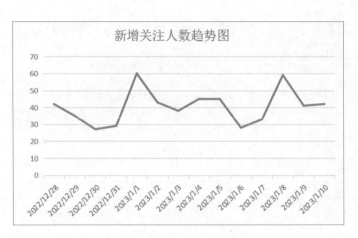

图9-18　将数据绘制成趋势图

9.4.4　分析评估

对数据进行处理之后，接下来运营者便可以针对这些数据进行分析，评估相关数据是否达到了预期目标。

例如，新媒体运营者可以在新关注人数条形图的基础上，增加一条目标人数线，用以评估新关注人数是否达到了目标，如图9-19所示。通过该图不难看出，该账号只有2023年1月1日和2023年1月8日的新关注人数达到了目标。

图9-19　增加目标人数线对数据进行评估

9.4.5　归纳总结

数据分析完成后，运营者便可以将分析结果进行归纳总结。这个步骤可以定期进行，将一定时间段内的数据进行总结。

比如，同样是分析账号的新关注人数，运营者可以每周进行一次，然后每个月再进行一次总结，并对 3 个月的数据进行汇总，总结每个季度的数据。依此类推，还可以将数据归纳总结进行半年、全年的数据分析。

9.5 分析技巧：掌握常见的数据分析方法

在进行新媒体数据分析的过程中，方法的运用很重要。不同的分析方法适用于不同的情况，这一节将提供八种数据分析方法，大家可以根据自身情况自行选择。

9.5.1 直接评判法

直接评判法，简单理解就是运营者根据自身的经验对数据进行分析和评估。通常来说，利用直接评判法分析数据要满足以下两个条件。

（1）运营者自身拥有丰富的经验，能够正确分析和评估数据。

（2）用于分析的数据要足够直接，可以直观地评判数据的优劣。

图 9-20 所示为某新媒体账号 2022 年 12 月 28 日至 2023 年 1 月 10 日的用户变化情况。可以看到该账号的净增关注人数除了 2022 年 12 月 30 日和 2023 年 1 月 6 日之外，其他时间的数值都为正数。

用户变化情况				
时间	新关注人数	取消关注人数	净增关注人数	累积关注人数
2022/12/28	42	15	27	52439
2022/12/29	35	18	17	52456
2022/12/30	27	22	-5	52451
2022/12/31	29	30	1	52452
2023/1/1	60	10	50	52502
2023/1/2	43	16	27	52529
2023/1/3	38	22	16	52545
2023/1/4	45	27	18	52563
2023/1/5	45	19	26	52589
2023/1/6	28	32	-4	52585
2023/1/7	33	25	8	52593
2023/1/8	59	19	40	52633
2023/1/9	41	24	17	52650
2023/1/10	42	28	14	52664

图 9-20 某新媒体账号的用户变化情况

此时，运营者可以根据自身经验对数据进行评估，如果该账号的净增关注人数基本上都为正数，而且绝大多数时间的数值都超过了 15，那么就可以利用直接评判法，判断出 2022 年 12 月 30 日和 2023 年 1 月 6 日，该账号的运营数据出现了异常。对此，运营者可以对该时间段的运营情况进行分析，寻找导致数据异常的原因。

9.5.2 分组分析法

分组分析法，就是通过将分析对象进行分组，然后对各组别的数据进行分析和评估的一种方法。需要特别注意的是，利用这种方法进行数据分析时，分组要明确，数据既不能出现交叉，也不能出现遗漏。

图 9-21 所示为某账号粉丝的年龄布图，该图中根据账号粉丝所属的年龄段进行分组，然后可以得出各分组的占比情况，这便属于分组分析。

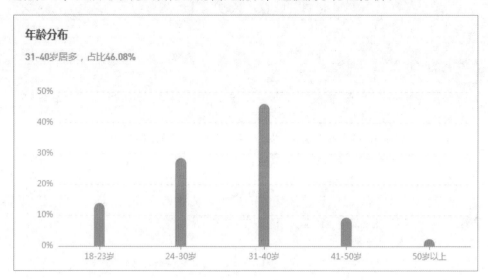

图 9-21　分组分析

9.5.3 对比分析法

对比分析法，顾名思义，就是通过对不同的对象进行比较和分析，了解彼此之间的差距，从而判断出运营的效果。在数据分析的过程中，比较常见的是对两组数据进行横向对比和纵向对比。横向对比是指对同一时间内不同对象进行对比；纵向对比是指对不同时间段的同一对象进行对比。

图 9-22 所示为同一时间内两个账号的净增关注人数对比。该图便属于横向对比的一种形式。从该图中不难看出，账号 B 在 2023 年 1 月 1 日至 2023 年 1 月 10 日期间的净增关注人数要普遍高于账号 A。

图 9-23 所示为不同时间段内（2023 年 2 月和 2023 年 4 月）同一账号的净增关注人数对比。该图便是在将数据进行了纵向对比。从该图中不难看出，这个账号 2023 年 4 月的净增关注人数明显要多于 2023 年 2 月。

图 9-22 横向对比分析

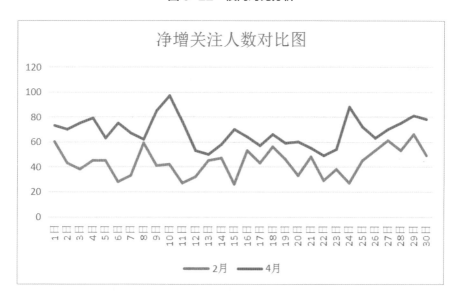

图 9-23 纵向对比分析

9.5.4 结构分析法

结构分析法，简单来说就是将各部分与总体进行比较，呈现各部分所占比例的一种数据分析方法。图 9-24 所示为某新媒体账号的年龄分布图，它便是利用结构分析法来对数据进行呈现的。

图9-24　某新媒体账号的年龄分布图

9.5.5　矩阵分析法

矩阵分析法就是将两个指标作为横坐标和纵坐标，将坐标轴分为四个象限，从而让运营者直观地把握数据在这两个指标中的表现，并在对数据进行评估的基础上，寻找具体的解决方案。

例如，我们可以根据重要性和急迫性对数据进行分类，然后根据自身情况确定分析数据的先后顺序。具体来说，运营者可以先将重要性和迫切性作为横坐标和纵坐标，将要分析的数据分为四个类别，如图9-25所示。

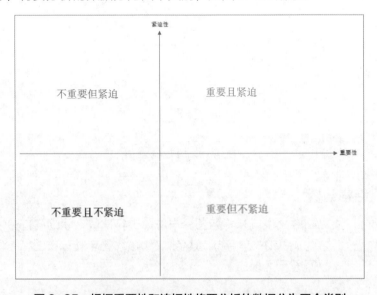

图9-25　根据重要性和迫切性将要分析的数据分为四个类别

分类确定之后，接下来运营者便可以根据自身需求确定要分析的数据的先后顺序。如果运营者要尽可能地完成全部数据的分析，便可将紧迫性作为第一指标来对要分析的数据的先后顺序进行排列，并在坐标轴上标上序号，让先后顺序更加直观，如图 9-26 所示。

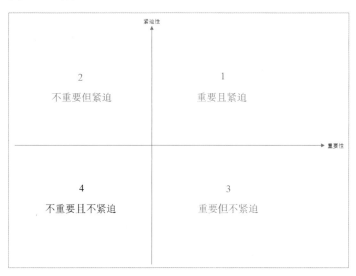

图 9-26 将紧迫性作为第一指标进行排序

同样地，运营者如果想先将重要的数据分析完，也可以将重要性作为第一指标进行排序，如图 9-27 所示。

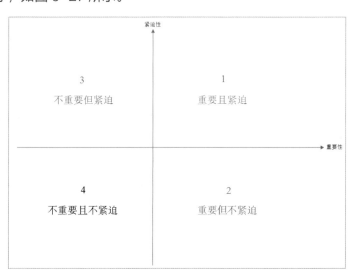

图 9-27 将重要性作为第一指标进行排序

9.5.6　平均分析法

平均分析法是通过平均数值来衡量具体数值与平均数值的关系，以及该数值的表现的一种方法。常见的平均数值包括算术平均值、几何平均值和对数平均值等。因为平均数值是数据的均值，所以，通常来说，具体数值会在平均数值附近移动。因此，平均数值便能在一定程度上预测数据接下来的发展趋势。

图 9-28 所示为一张净增关注人数分析图，可以看到，该图便是通过与算数平均值的对比，来分析该新媒体 2023 年 2 月净增关注人数的数值表现。很显然，这便是利用平均分析法进行的一种数据分析。

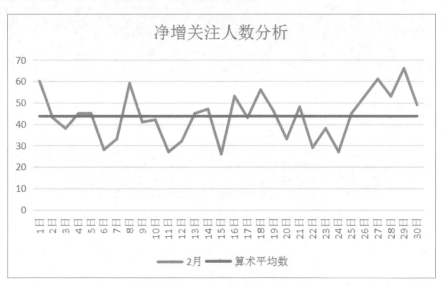

图 9-28　净增关注人数分析图

9.5.7　漏斗分析法

漏斗分析就是利用一张漏斗图对多种数据依次进行呈现，通常来说，越重要的数据放在漏斗图的越下方。图 9-29 所示为一张漏斗分析图，也就是说，在该图中，运营者认为比较重要的数据是支付成功量。

漏斗分析法是分析数据重要程度的一种有效方法。运营者在绘制漏斗分析图时，需要先对数据的重要程度进行排序，然后再将数据的具体数值分别列出来。这样一来，漏斗分析图绘制完成后，运营者心中觉得最重要的数据便会出现在漏斗分析图的下方。

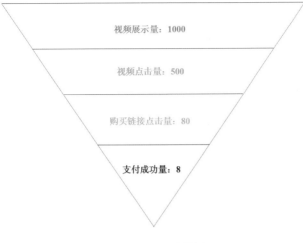

图 9-29 漏斗分析

9.5.8 雷达分析法

雷达分析是通过一张图对各类数据进行直观呈现，并在此基础上对数据进行对比分析。与其他分析法相比，雷达分析法的优势就在于可以对多个数据的数值同时进行比较，从中找出数值相对较低的数据。通常来说，如果一个数据相对较低，那么该数据便是有待提高的。因此，雷达分析法也经常被用来寻找运营过程中的薄弱环节。

雷达分析法常见于百家号和大鱼号等平台的数据分析。图 9-30 所示为某账号的运营指数图，其利用的便是雷达分析法。

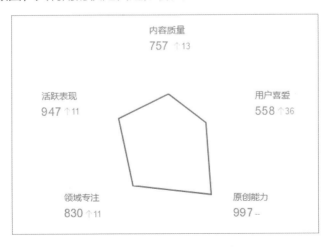

图 9-30 某账号的运营指数图

第 10 章

分析工具：获取账号粉丝的标签

运营者在进行新媒体运营的过程中，要想获取账号粉丝的标签、了解粉丝画像情况，就需要依靠数据来进行分析。基于这一点，本章就从两个方面来进行解读，帮助大家快速获取账号粉丝的标签。

10.1　常见工具：第三方数据分析平台

在对新媒体账号进行数据分析时，运营者可以借助第三方数据分析平台中的相关数据来提高分析的效率。本节将重点对 5 个第三方数据分析平台进行讲解，让大家可以更好地选择适合自己的分析渠道。

10.1.1　飞瓜数据

飞瓜数据是一个致力于为社交媒体提供全链路服务的数据分析平台，该平台为运营者提供了抖音版、快手版和 B 站版这 3 个版本的数据分析工具，如图 10-1 所示。运营者只需根据账号所属的平台选择对应的工具即可。

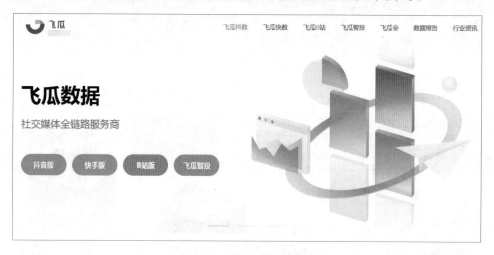

图 10-1　飞瓜数据官网页面

下面就以飞瓜数据快手版为例进行说明。飞瓜数据快手版中为运营者提供了许多数据分析板块。在这其中，运营者必须要重点把握 6 个数据分析板块，即"直播分析""商品分析""播主查找""品牌分析""小店分析"和"数据监测"。

"直播分析"板块中为运营者提供了 7 个功能，即"直播搜索""实时热门直播""直播数据大盘""带货直播榜""直播预告广场""小铃铛直播搜索"和"直播对比"。运营者可以借助这些功能查看账号中直播的相关数据。

以"带货直播榜"为例，运营者通过该功能可以查看前一天的带货直播排名。具体来说，运营者可以按照"销量最多"或"销售额最多"来查看前一天的带货直播的排名。图 10-2 所示为按照"销售额最多"排名的"带货直播榜"页面。

"商品分析"板块中主要包括 6 个功能，即"商品搜索""实时爆品""热门商品榜""品类洞察""品类分析"和"商品词分析"。借助"商品分析"中的相关功能，运营者可以根据排名判断哪些商品比较受欢迎，然后结合自身账号定位，选取用户需求量更大的商品进行带货，从而提高自身的带货能力。

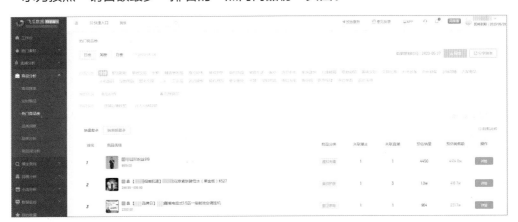

图 10-2　按照"销售额最多"排名的"带货直播榜"页面

以"热门商品榜"为例，运营者可以查看热门商品的"日榜""周榜"和"月榜"，并按照"销量最多"或"销售额最多"对热门商品进行排名。图 10-3 所示为按照"销售额最多"排名的"热门商品榜"页面。

图 10-3　按照"销售额最多"排名的"热门商品榜"页面

"播主查找"板块中（这里的播主表示的是账号，或者说账号名称）主要是为运营者提供了"播主搜索""带货播主罗盘""带货达人榜""直播达人榜""视频达人榜"和"播主对比"功能。运营者可以通过这些功能查找账号，并查看账号的排名情况。

以"带货达人榜"为例，借助该功能，可以查看带货达人的"日榜""周榜"或"月榜"，并按照"销量最多"或"成交指数最多"对热门商品进行排名。图 10-4 所示为按照"成交指数最多"排名的"带货达人榜"页面。

图 10-4　按照"成交指数最多"排名的"带货达人榜"页面

"品牌分析"板块中主要为运营者提供了"品牌搜索""品牌热榜""品牌增长榜"和"品牌对比"功能。运营者可以通过这些功能了解快手平台中各品牌的销售情况，从而判断哪些品牌比较受用户的欢迎。

以"品牌热榜"为例，借助该功能，可以查看品牌的"日榜""周榜"或"月榜"，并按照"销量最多"或"销售额最多"对热门品牌进行排名。图 10-5 所示为按照"销售额最多"排名的"品牌热榜"页面。

图 10-5　按照"销售额最多"排名的"品牌热榜"页面

"小店分析"板块中主要是为运营者提供了"小店搜索""小店热榜"和"小店对比"功能。运营者可以通过这些功能了解快手平台中对应小店的销售情况，从而判断哪些小店中的商品比较受用户的欢迎。

以"小店热榜"为例，借助该功能，可以查看小店的"日榜""周榜"和"月榜"，并按照"销量最多"或"销售额最多"对小店进行排名。图 10-6 所示为按照"销售额最多"排名的"小店热榜"页面。

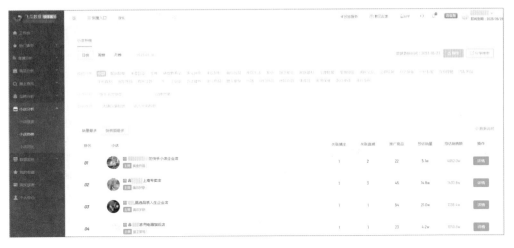

图 10-6 按照"销售额最多"排名的"小店热榜"页面

"数据监测"中可以对账号、视频和直播等进行监测，让运营者更好地看清自身的运营情况。以视频监测为例，运营者可以单击"视频监控"按钮，进入"视频监控"页面，如图 10-7 所示。运营者可以在该页面中输入视频的链接，设置相关的监控选项，对视频进行实时监控或预约监控。

图 10-7 单击"视频监控"按钮

10.1.2 新榜

新榜是一个综合性的数据分析平台，该平台中主要为运营者提供了公众号、抖音号、快手号、小红书、视频号、西瓜视频和 bilibili 等平台的数据。图 10-8

所示为新榜官网页面，运营者只需单击页面上方的菜单栏，便可查看对应平台和账号的相关数据。

图 10-8　新榜官网页面

例如，单击新榜官网页面中的"抖音号"按钮，即可进入新抖平台，查看抖音的相关数据。在新抖平台中进行数据分析时，运营者需要重点用好 6 个板块，即"抖音号""短视频""直播""商品""小店推广"和"品牌营销"。

"抖音号"板块主要就是为运营者查看对应账号的相关数据提供便利。在该板块中，运营者可以通过"抖音号搜索"或"地域找号"的方式，查找某个账号的数据；也可以通过"账号排行""MCN 机构"和"账号大盘"查看账号的相关数据。

以"抖音号搜索"为例，运营者可以单击"抖音号搜索"按钮，进入"抖音号 – 抖音号搜索"页面，如图 10-9 所示。在该页面的搜索栏中输入抖音号名称、id、标签、简介或认证主体，便可以查看对应账号的数据。

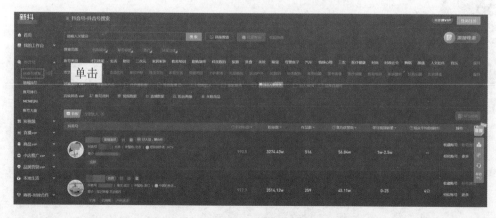

图 10-9　"抖音号 – 抖音号搜索"页面

"短视频"板块主要就是为运营者查看短视频和相关素材的数据提供便利。图 10-10 所示为"短视频－视频搜索"页面，运营者可以在该页面的搜索栏中输入视频描述、热词、话题和商品名称，查看对应视频的数据；还可以根据"预估播放数""获赞数""评论数""分享数"或"收藏数"对视频进行排名。

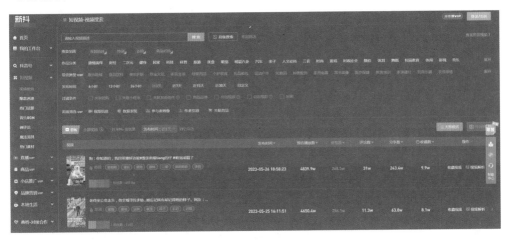

图 10-10 "短视频－视频搜索"页面

在"直播"板块中，运营者可以查看"热门直播间""主播带货排行""实时直播榜""直播流量大盘"和"直播带货风向"的相关情况。

以"实时直播榜"为例，运营者只需单击菜单栏中的"实时直播榜"按钮，便可进入"直播－实时直播榜"页面，查看直播的实时带货情况，如图 10-11 所示。

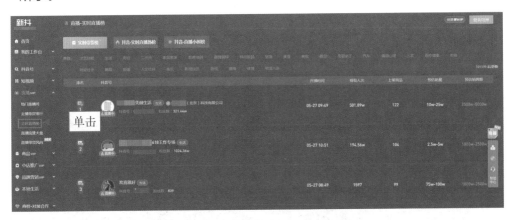

图 10-11 "直播－实时直播榜"页面

"商品"板块中为运营者提供了各类商品数据。运营者既可以直接查看商品的销售情况，也可以查看对应带货视频的数据。

例如，运营者可以单击"热门商品排行"按钮，查看"抖音销量排行""直播销量排行"和"抖音·商品分享热榜"的相关数据。图 10-12 所示为"抖音销量排行"的相关信息。

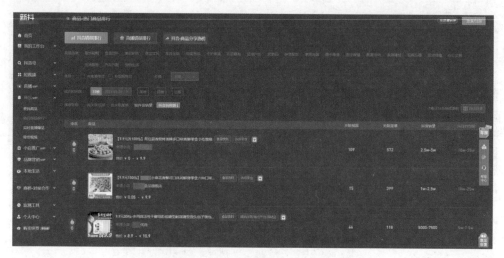

图 10-12 "抖音销量排行"的相关信息

"小店推广"板块为运营者提供了各类小店数据。运营者既可以直接通过搜索查看小店的数据，也可以查看热门小店的数据。

以"热门小店榜"为例，借助该功能，可以查看小店的"日榜""周榜"或"月榜"，并可以"按推广商品数""按关联达人数""按关联视频数""按关联直播数""按预估销量"或"按预估销售额"对小店进行排名。图 10-13 所示为"按预估销售额"排名的"热门小店榜"页面。

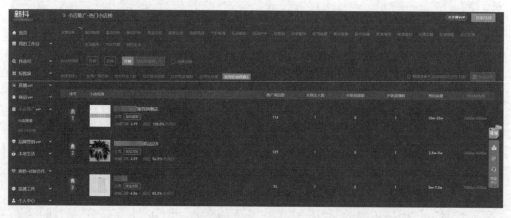

图 10-13 "按预估销售额"排名的"热门小店榜"页面

在"品牌营销"板块中，运营者可以对品牌进行搜索并查看相关的数据，也可以查看"热门品牌排行""品牌自播号排行"和"投放结案报告"的相关情况。

以"热门品牌排行"为例，运营者可以单击"热门品牌排行"按钮，查看"品牌带货榜""品牌声量榜"和"抖音·品牌热 DOU 榜"的相关数据。图 10-14 所示为"品牌带货榜"的相关信息。

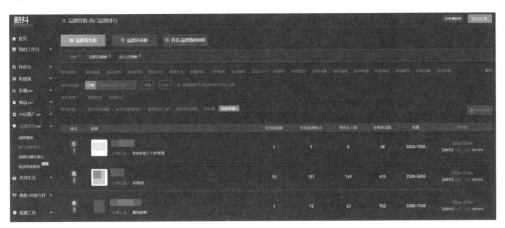

图 10-14　"品牌带货榜"的相关信息

10.1.3　灰豚数据

灰豚数据是一个以提供直播和短视频数据为主的数据分析平台，该平台中为用户提供了多种版本的数据分享工具。

下面就以老铁版（分析快手账号数据的版本）为例，对灰豚数据的数据分析功能进行说明。在灰豚数据老铁版平台中，运营者需要重点用好 6 个板块的功能，即"直播分析""商品分析""品牌分析""小店分析""热门素材"和"数据监测"。

"直播分析"板块中对"主播排行榜"和"带货直播间排行"的相关数据进行了呈现，并为运营者提供了"播主搜索"和"直播间搜索"功能。

例如，运营者单击"直播分析"板块中的"主播排行榜"按钮，便可进入对应页面，查看带货主播的"日榜""周榜"或"月榜"。除此之外，运营者还可以按照"带货销量""带货销售额"和"场均人数峰值"等数据对带货主播进行排名。图 10-15 所示为按照"带货销量"排名的"主播排行榜"页面。

"商品分析"板块为用户提供了 3 个方面的功能，即"直播商品搜索""直播商品排行榜"和"实时爆品"。运营者可以借助这些功能对商品进行数据分析，并筛选出当前受用户欢迎的商品。

例如，运营者在"实时爆品"中可以按照"直播销量"或"销售额"，对快手平台的实时爆品进行排名。图 10-16 所示为按照"直播销量"排名的"实时爆品"页面。

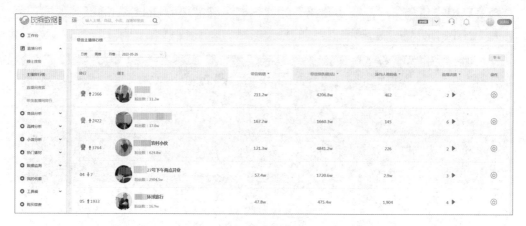

图 10-15　按照"带货销量"排名的"主播排行榜"页面

图 10-16　按照"直播销量"排名的"实时爆品"页面

"品牌分析"板块为用户提供了两个方面的功能，即"品牌搜索"和"品牌排行榜"。运营者可以借助这些功能对品牌进行数据分析，并了解哪些品牌的商品更受用户的欢迎。

例如，运营者在"品牌排行榜"中可以按照"商品数""预估销量""预估销售额"或"关联主播｜直播间"，对品牌进行排名。图 10-17 所示为按照"预估销量"排名的"品牌排行榜"页面。

图 10-17　按照"预估销量"排名的"品牌排行榜"页面

"小店分析"板块为用户提供了两个方面的功能，即"小店搜索"和"小店排行榜"。运营者可以借助这些功能对小店进行数据分析，并了解哪些小店的商品更受用户的欢迎。

例如，运营者在"小店排行榜"中可以按照"星级评分""销量""预商品数"或"关联主播 | 直播间"，对小店进行排名。图 10-18 所示为按照"销量"对"小店排行榜"进行排名的页面。

图 10-18　按照"销量"排名的"小店排行榜"页面

"热门素材"板块为用户提供了两个方面的功能，即"视频搜索"和"实时热榜"。运营者可以借助其中的相关数据，了解当前的热门内容，从而更好地打造快手内容。

例如，"实时热榜"页面中会根据"热度值"对实时热点进行排名，如图 10-19 所示。运营者可以选择该榜单排名靠前的热点信息打造快手内容，更好地吸引目标用户的目光。

图 10-19　按照"热度值"排名的"实时热榜"页面

"数据监测"板块中仅有 1 个功能，那就是"主播监测"，如图 10-20 所示。运营者可以通过关键词搜索，查找主播所在的账号，并对该账号进行数据监测。具体来说，在"主播监测"页面中，运营者可以对账号的新增粉丝、新增视频量、新增播放量、新增点赞量、预估销量和预估销售额等数据进行监测。

图 10-20　"主播监测"页面

10.1.4　抖查查

抖查查是一个以提供抖音相关数据为主的数据分析平台。在该平台中，运营者需要重点掌握 6 个板块，即"直播""商品""达人""短视频＆素材""小店＆品牌"和"工具"。

"直播"板块中为运营者提供了直播库、直播流量广场和直播榜单的相关信息，运营者可以借助这些信息，分析直播的运营情况。

　　例如，运营者可以查看相关的直播榜单，"直播榜"主要包括"带货直播优先""直播达人优选""品牌自播优先""视频引流榜"和"实时直播间"等直播类型的榜单。

　　以"实时直播间"为例，运营者可以按照"带货热度降序""在线人数降序""点赞降序"或"主播粉丝降序"，对实时直播间进行排名。图 10-21 所示为按照"带货热度"对"实时直播间"进行降序排名的页面。

图 10-21　按照"带货热度降序"对"实时直播间"进行排名的页面

　　"商品"板块中为运营者提供了商品库、热销商品推荐、达人热销商品、直播热销商品和视频热销商品等信息，借助这些信息，运营者可以快速了解哪些商品比较受用户的欢迎。

　　例如，运营者可以查看相关的商品榜单，"商品榜"主要包括"热销商品推荐""达人热销商品""直播热销商品"和"视频热销商品"等商品类型的榜单。

　　以"热销商品推荐"为例，运营者可以按照"佣金率""商品销量"或"主播历史销量"，对热销商品进行排名。图 10-22 所示为按照"商品销量"排名的"热销商品推荐"页面。

　　"达人"板块中为运营者提供了达人库和达人榜单的相关信息，借助这些信息，运营者可以快速了解对应达人的数据，明白哪些达人的影响力比较大。

　　例如，运营者可以查看相关的达人榜单，"达人榜"主要包括"涨粉榜""黑马榜""掉粉榜""粉丝总榜""蓝 V 榜"和"星图达人榜"等达人类型的榜单。

　　以"涨粉榜"为例，运营者可以查看某 1 天、1 周或 1 个月的涨粉排名情况。图 10-23 所示为 2023 年 5 月 27 日的"涨粉榜"。

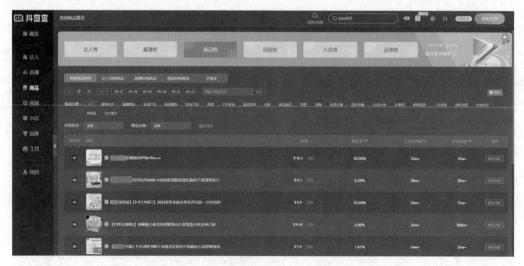

图 10-22　按照"商品销量"排名的"热销商品推荐"页面

图 10-23　2023 年 5 月 27 日的"涨粉榜"

"短视频＆素材"板块中为运营者提供了视频库、音乐库和视频榜单的相关信息，借助这些信息，运营者可以快速找到视频打造的素材，明白哪些素材比较受用户的欢迎。

例如，运营者可以查看相关的视频榜单，"视频榜"主要包括"飙升视频""热门视频榜""带货视频优选""视频组件榜""热门音乐"和"热门话题"等视频和素材类型的榜单。

以"热门视频榜"为例，运营者可以查看某 1 天、1 周或 1 个月的热门视频排名情况。图 10-24 所示为 2023 年 5 月 28 日的"热门视频榜"。

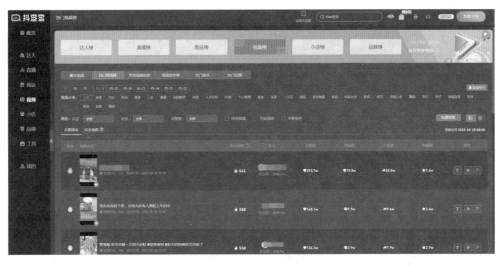

图 10-24　2023 年 5 月 28 日的"热门视频榜"

"小店 & 品牌"板块中为运营者提供了小店库、品牌库、小店榜单和品牌榜单的相关信息，借助这些信息，运营者可以查看小店和品牌的数据，明白哪些小店和品牌中的商品比较受用户的欢迎。

例如，运营者可以查看相关的小店或品牌榜单，"小店榜"主要包括"小店每日精选"和"团购门店榜"这两种小店类型的榜单；"品牌榜"展示的是"品牌每日精选"的榜单。

以"品牌每日精选"为例，运营者可以查看某 1 天、1 周或 1 个月的热门视频排名情况。图 10-25 所示为 2023 年 5 月 28 日的"品牌每日精选"。

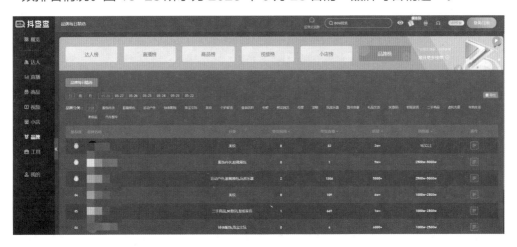

图 10-25　2023 年 5 月 28 日的"品牌每日精选"

"工具"板块中为运营者提供了数据分析的相关工具和多种数据监测的入口，借助工具和监测功能，运营者可以更好地对相关数据进行分析，实时掌握相关数据的变化情况。

具体来说，抖查查提供的工具主要包括"文案提取器""审词器""广告脚本素材"和"直播录制"等；抖查查提供的监测主要包括"监测商品""监测达人"和"监测视频"等。

以"广告脚本素材"为例，运营者可以查看各种投放类型的引流视频素材和视频素材脚本。图 10-26 所示为抖查查平台中提供的各种类型的引流视频素材。

图 10-26　抖查查平台中提供的各种类型的引流视频素材

10.1.5　蝉妈妈

蝉妈妈是一个致力于为用户提供短视频和直播数据分析服务的平台，在该平台中运营者需要重点掌握 6 个板块的功能，即"达人""商品""直播""视频""小店"和"品牌"。

"达人"板块中为运营者提供了"达人库""带货达人榜""涨粉达人榜""黑马达人榜""行业达人榜""地区达人榜""团购达人榜""MCN 机构榜""星图达人榜"和"达人工具"（包括短视频爆品探测、直播商品一键采集和达人智能匹配等）功能。运营者可以借助这些功能对达人的运营水平进行评估，并从中寻找更具商业价值的达人，学习其运营经验。

如图 10-27 所示，在"带货达人榜"页面中，运营者可以查看在榜达人的名称和类型等信息，还可以查看达人的直播销售额、直播销量、销售客单价和粉丝数等数据。

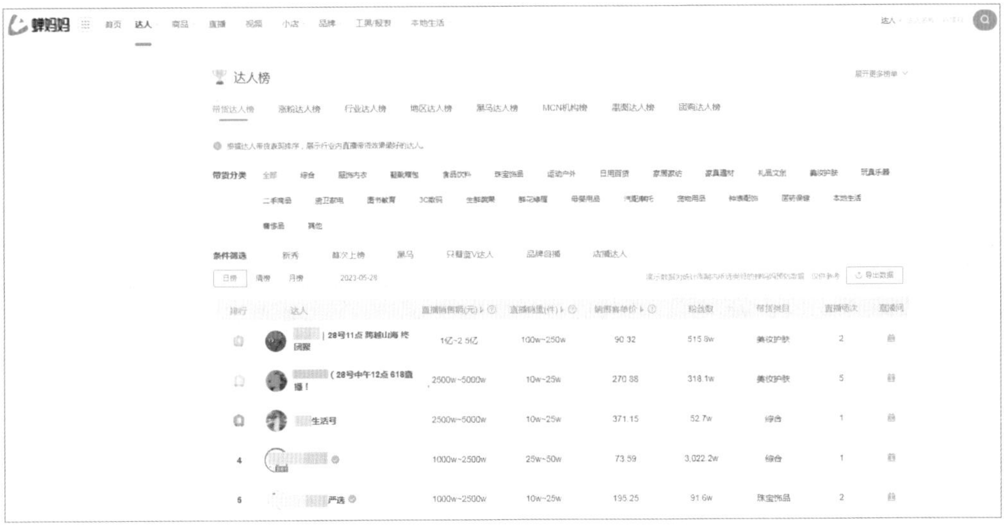

图 10-27　"带货达人榜"页面

"商品"板块中为运营者提供了"商品库""抖音销量榜""抖音热推榜""抖音热搜词榜""直播商品榜""视频商品榜"和"潜力爆品榜""持续好物榜""历史同期榜"和"选品工具"（包括短视频爆品探测、商品热度分析和商品查高佣等）功能。这些功能可以帮助运营者快速了解哪些商品比较受用户的欢迎，从而为运营者带货选品提供依据。

如图 10-28 所示，在"抖音销量榜"页面中，运营者可以查看在榜各商品的佣金比例、昨日销量、销售额、近 1 年销售和 30 天转化率等数据，然后根据这些数据判断对应商品的销售情况。

"直播"板块中为运营者提供了"直播库""今日带货榜""带货小时榜""官方人气榜""官方小时榜""直播风车榜"和"直播工具（如直播录屏回放）"等功能，这些功能可以帮助运营者快速掌握直播的相关数据。

如图 10-29 所示，在"官方人气榜"页面中，运营者可以查看在榜各直播的人气值和粉丝数等数据，然后根据这些数据判断对应直播的受欢迎程度。

"视频"板块中为运营者提供了"热门视频库""带货视频库""带货视频榜""热门视频榜""团购视频榜""官方热点榜""热门话题榜"和"视频工具（如抖音视频热搜分析）"等功能。运营者可以借助这些功能查看热门视频和素材资源，并从中选择合适的素材进行内容的储备。

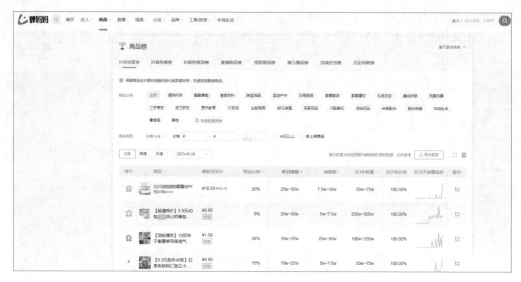

图 10-28　"抖音销量榜"页面

图 10-29　"官方人气榜"页面

如图 10-30 所示，在"热门视频榜"页面中，运营者可以查看在榜各视频的点赞数、转发数和评论数。

"小店"板块中为运营者提供了"小店库""抖音小店榜""品牌官方小店榜""团购门店榜"和"商家工具（如品类趋势分析）"等功能。这些功能可以帮助运营者快速查找小店，并分析小店的相关数据。

如图 10-31 所示，在"抖音小店榜"页面中，运营者可以查看在榜各小店的日销量、日销售额、关联达人数、动销商品数、关联直播数和关联视频数等数据。

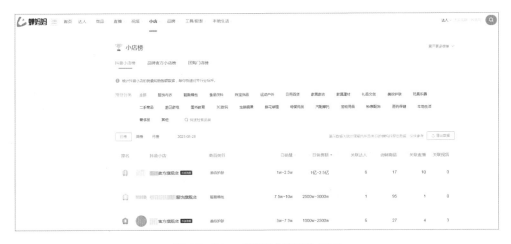

图 10-30　"热门视频榜"页面

图 10-31　"抖音小店榜"页面

　　"品牌"板块中为运营者提供了"品牌库""热门品牌榜""高增长品牌榜""品牌自播榜""商品卡热销品牌榜"和"商家工具（如品类趋势分析）"等功能。这些功能可以帮助运营者快速查找品牌，并分析品牌的相关数据。

　　如图 10-32 所示，在"高增长品牌榜"页面中，运营者可以查看在榜各品牌的品类平均价格、品类销量、品类销售额和品类销售额环比等数据。

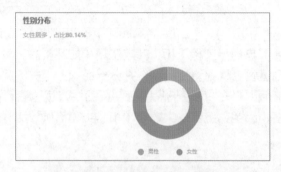

图 10-32　"高增长品牌榜"页面

10.2　数据分析：了解账号粉丝的标签

面对新媒体营销推广风口，运营者想要在竞争中获得胜利，就必须了解自己的粉丝群体数据和标签，确定账号的用户画像，从而通过精准营销，达到更好的营销效果。本节就来为大家讲解了解账号粉丝标签需要重点分析的几个数据。

10.2.1　粉丝性别比例

因为账号定位不同、发布的内容不同，所以其吸引的用户也会存在较大的差异。具体来说，有的账号吸引的男性用户比较多，而有的账号吸引的女性用户则比较多。对此，运营者可以对账号粉丝的性别占比进行分析，然后有针对性地为粉丝提供内容，增强粉丝的黏性。

例如，运营者可以在灰豚数据抖系版平台中搜索抖音号，并在"粉丝析"页面的"粉丝列表画像"板块中查看该账号粉丝的"性别分布"情况。图 10-33 所示为某抖音号的粉丝性别分布图，从该图中不难看出此账号的粉丝大部分为女性，其占比达到了 80.14%。

图 10-33　某抖音号的粉丝性别分布图

因为该账号中的粉丝以女性为主，所以运营者如果想增强粉丝的黏性，就应该多发布女性粉丝感兴趣的内容。当然，运营者也可以站在男性用户的角度生产和发布内容，从而快速吸引更多男性用户关注该账号。

10.2.2 粉丝年龄分布

不同年龄段的用户感兴趣的内容和内容表达形式也不同。对此，运营者可以对账号中粉丝的年龄分布情况进行分析，然后在日后的内容生产过程中，多用占比较高的粉丝年龄段喜欢的内容表达形式来生产这些粉丝感兴趣的内容。

例如，运营者可以在灰豚数据抖系版平台中搜索抖音号，并在"粉丝析"页面的"粉丝列表画像"板块中查看该账号粉丝的"年龄分布"情况。图10-34所示为某抖音号的粉丝年龄分布图。

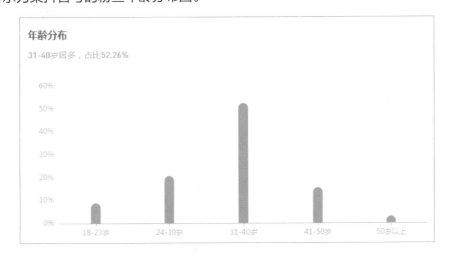

图10-34 某抖音号的粉丝年龄分布图

灰豚数据抖系版平台的年龄分布图不会自动显示各年龄段粉丝的具体占比情况，如果运营者要想了解某个年龄段粉丝的占比数据，可以将鼠标停留在对应年龄段所在的区域中，查看其具体的占比数值，如图10-35所示。

从图10-34、图10-35中不难看出，该抖音号的粉丝中31~40岁的群体占比相对较高。这部分人群主要包括工作多年深谙职场之道的职场老人和刚成为父母不久的宝妈、宝爸等。

对此，该运营者可以结合这些人群的属性生产与其关联性更强的内容，让这些用户对你生产的内容更感兴趣。例如，运营者可以以新手宝妈、宝爸的角度展开短视频内容，让短视频的视角更加贴近粉丝群体。

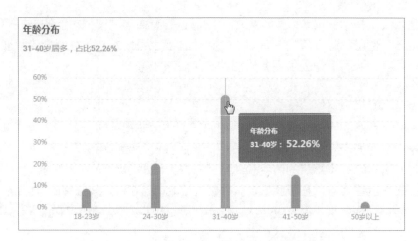

图 10-35　查看对应年龄段的粉丝占比情况

10.2.3　粉丝地域分布

不同的地域有不同的文化特质，不同地域的人群感兴趣的内容也不尽相同。运营者可以通过粉丝的地域分布了解粉丝聚焦在哪些区域，然后在文案内容中加入这些区域人群感兴趣的元素。

例如，运营者可以在灰豚数据抖系版平台中搜索抖音号，并在"粉丝分析"页面的"粉丝列表画像"板块中查看该账号的"地域分布"情况。

图 10-36 所示为某抖音号粉丝的"地域分布"情况，从中不难看出，该抖音号粉丝分布较多的省份为山东、江苏、广东、浙江和河南，其中山东省的粉丝占比达到了 11.03%；该抖音号粉丝分布较多的城市为北京、上海、苏州、杭州和青岛，其中北京的粉丝占比达到了 3.2%。

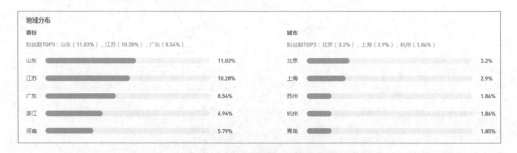

图 10-36　某抖音号粉丝的"地域分布"情况

对于线下有实体店的运营者来说，到店里消费的顾客还是以同城人群为主。所以，对于这部分运营者来说，通过发布内容吸引同城的用户到店铺中消费就显得尤为关键了。

基于这一点，运营者可以通过粉丝的"地域分布"情况，查看账号的同城粉丝占比情况。如果短视频账号的同城粉丝的占比比较低，那么运营者就需要通过一定的技巧获得更多同城粉丝。

以抖音为例，运营者可以在发布短视频时点击"你在哪里"按钮，设置自己的位置。设置完成后，短视频中就会显示你的位置。并且用户在"同城"板块中还会看到运营者与自己的距离。

用户在"同城"中看到运营者发布的内容之后，可能会点击查看，如果运营者发布的内容对用户比较有吸引力，用户就会选择关注运营者的账号。而这样一来，运营者的账号粉丝中，同城粉丝的占比自然也就提高了。

10.2.4 粉丝兴趣分布

为了更好地分析粉丝感兴趣的内容，部分数据平台中特意对粉丝的兴趣分布情况进行了统计。对此，运营者可以查看粉丝兴趣分布情况，并在日后的短视频中多加入一些粉丝比较感兴趣的内容。

例如，运营者可以在飞瓜数据平台中搜索抖音号，并在"受众画像"页面的"消费兴趣"板块中查看该账号粉丝的"消费需求分布"情况。

图 10-37 所示为某抖音号粉丝的"消费需求分布"情况，从中不难看出，该账号粉丝消费需求比较大的商品类型包括女装、美妆护肤和童装（包括婴儿装和亲子装），其中对女装感兴趣的粉丝占比更是达到了 17.17%。因此，运营者可以在账号中重点销售女装。

图 10-37 某抖音号粉丝的"消费需求分布"情况

除此之外，运营者还可以滑动页面，查看账号粉丝的"购买类目偏好""购买品牌偏好"和"最感兴趣的内容"情况，如图 10-38 所示。

运营者可以结合抖音号粉丝的"购买类目偏好""购买品牌偏好"和"最感兴趣的内容"，调整自身的运营策划，多生产一些用户感兴趣的内容，销售受用户欢迎的商品，让更多用户成为你的铁粉。

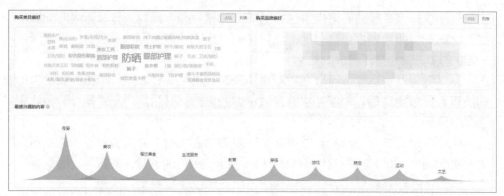

图 10-38 某抖音号粉丝的"购买类目偏好""购买品牌偏好"和"最感兴趣的内容"情况

10.2.5 粉丝活跃趋势

对于运营者来说，活跃度越高的粉丝就越有价值。所以，运营者需要根据粉丝的活跃数据判断粉丝的活跃度。如果粉丝不够活跃，运营者还需调整运营策略，提高粉丝的参与度。

查看粉丝活跃趋势数据的方法很简单，以飞瓜数据平台为例，运营者可以在飞瓜数据平台中搜索抖音号，并在"受众画像"页面中查看该账号的"粉丝活跃时间"分布情况。

在"粉丝活跃时间"分布情况中，运营者可以以"日"和"周"为单位，查看账号粉丝的活跃时间分布情况。图 10-39 所示为某抖音号的日"粉丝活跃时间"分布情况，从中不难看出，该抖音号粉丝 19:00—23:00 点的活跃度比较高。

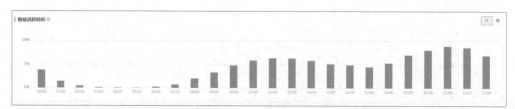

图 10-39 某抖音号的日"粉丝活跃时间"分布情况

图 10-40 所示为某抖音号的周"粉丝活跃时间"分布情况，从中不难看出，该抖音号周四、周六和周日的活跃粉丝比较多。

在运营账号的过程中，运营者可以根据"粉丝活跃时间"分布情况，选择在粉丝活跃的时候发布内容。这样一来，即便系统不进行推送，粉丝也能进入你的主页，第一时间查看你发布的内容。而随着越来越多粉丝看到你发布的内容，内容的营销推广效果自然也会变得更好。

图10-40　某抖音号的周"粉丝活跃时间分布"情况

10.2.6　视频观众数据

运营者不仅可以查看账号的粉丝画像，还可以分别查看视频观众和直播观众画像的相关数据。例如，运营者可以在飞瓜数据平台中搜索抖音号，并在"受众画像"页面中查看该账号的"视频观众画像"情况。

具体来说，运营者可以在"视频观众画像"中查看视频观众的总体概述、"性别分布""年龄分布""地域分布""消费需求分布""购买类目偏好""购买品牌偏好""最感兴趣的内容"和"粉丝活跃时间"情况。图10-41所示为某抖音号视频观众的"性别分布""年龄分布"和"地域分布"情况。

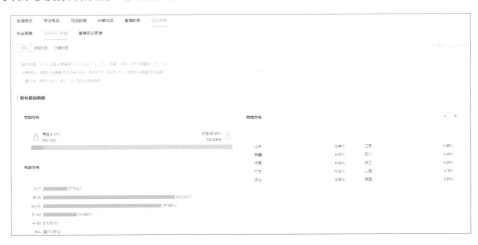

图10-41　某抖音号视频观众的"性别分布""年龄分布"和"地域分布"情况

专家提醒

运营者可以根据自己的账号运营重点来查看观众画像，了解目标用户的标签。例如，有的运营者主要是通过抖音短视频进行营销推广，那么便可以根据视频观众画像来调整自身的运营方案；反之，如果运营者主要是通过直播进行卖货，那么便可以根据直播观众画像来调整自身的运营方案。

10.2.7　直播观众数据

运营者不仅可以查看"视频观众画像"，还可以查看"直播观众画像"。例如，运营者可以在飞瓜数据平台中搜索抖音号，并在"受众画像"页面中查看该账号的"直播观众画像"情况。

具体来说，运营者可以在"直播观众画像"中查看直播观众的总体概述、"性别分布""年龄分布""地域分布""消费需求分布""购买类目偏好""购买品牌偏好""最感兴趣的内容"和"粉丝活跃时间"情况。图 10-42 所示为某抖音号直播观众的"性别分布""年龄分布"和"地域分布"情况。

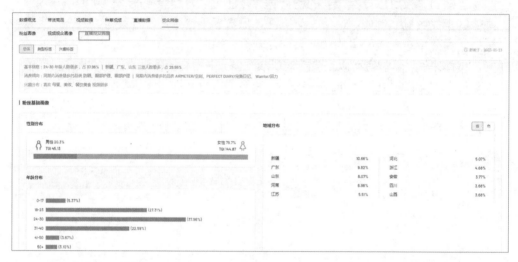

图 10-42　某抖音号直播观众的"性别分布""年龄分布"和"地域分布"情况